AF170157

A. Voss, A. Bastian

Die Bronzeschwerter des königlichen Museums zu Berlin

A. Voss, A. Bastian

Die Bronzeschwerter des königlichen Museums zu Berlin

ISBN/EAN: 9783743425897

Hergestellt in Europa, USA, Kanada, Australien, Japan

Cover: Foto ©ninafisch / pixelio.de

Manufactured and distributed by brebook publishing software
(www.brebook.com)

A. Voss, A. Bastian

Die Bronzeschwerter des königlichen Museums zu Berlin

DIE BRONZESCHWERTER

DES

KÖNIGLICHEN MUSEUMS ZU BERLIN.

HERAUSGEGEBEN

IM AUFTRAGE DER GENERALVERWALTUNG

DURCH

A. BASTIAN UND A. VOSS.

BERLIN.
WEIDMANNSCHE BUCHHANDLUNG.
1878.

VORWORT.

In dem heutigen Stadium unserer prähistorischen Forschungen bedarf es, unter Ansammlung und Vermehrung des Materials, vor Allem eines statistischen Ueberblickes desselben, zur Abschätzung seiner Ausdehnung und Verbreitung, und nach dieser Richtung beginnen auch erfreulicherweise die Studien mehr und mehr ihre Schritte hinzulenken.

Während bis vor Kurzem die Neigung zu Schlussfolgerungen vorherrschte, die als verfrüht und unzeitig in der Luft schweben blieben, ohne chronologische Daten, sowie topographisch ohne gesicherte Fundamentirung, macht sich gegenwärtig in bestimmterem Nachdruck die Erkenntniss geltend, dass erst sorgsam geleitete und umsichtig beschränkte Detailstudien, in den Berührungslinien vergleichender Beobachtungen die durch Relationsverhältnisse gesicherten Anhaltspunkte anzuzeichnen haben werden, um den Faden inductiver Untersuchung mit einiger Zuversicht anknüpfen zu können.

Als im XVII. Jahrhundert die Aufmerksamkeit ernstlicher auf die vielfach noch als Naturspiele für Curiosa geltenden Bodenfunde gelenkt wurde, fühlte man sogleich, wie es sich in den Arbeiten Arnkiel's, Rhode's, Olearius, Nünning's, Bekmann's etc. bis auf Büsching und später (Dorow, Emele, Wilhelmi, Danneil, Kruse's u. s. w.) aussprach, das local naheliegende Bedürfniss, dasjenige, was als Artefacta erkannt war, nach den vereinzelt zerstreuten Notizen der Vorgeschichte in historisch bekannte, oder doch ethnisch abgeleitete, Figuren zu fixiren, um für schwankende Sagen und Traditionen fassbare Verkörperungen zu erhalten. Bei der Unzulänglichkeit der Documente mussten jedoch die durch patriotische Prädilectionen leicht noch gesteigerten Verallgemeinerungen bald in ein Labyrinth von Widersprüchen führen, und die nachträgliche Lichtung desselben ist jener radicalen Umgestaltung der Auffassungsweise zu danken, wie sie in dem System der dreigetheilten Periode zu Tage tritt. Damit war freie Bahn geschafft, und indem man jetzt unbehindert sammeln und ordnen konnte, nach der einfachen Richtschnur eines Stein-, Bronze- und Eisenvolkes, so erwies sich das Bestreben dieser nordischen Reformatoren als ein durchaus zeitgemässes, und wird ihr Verdienst in der Geschichte der prähistorischen Wissenschaft nicht verkümmert werden dürfen.

Im Genusse des während einer solch vorbereitenden Uebergangszeit Geförderten wird man bei dem fortdauernden Wachsen des Materials, das dem immer lebhafter erwachenden Interesse zu danken ist, allmählig auf's Neue sich berechtigt fühlen dürfen, nach einem festen Boden unter den Füssen zu suchen, besonders in Deutschland, wo zu Lisch's und Lindenschmit's umfassenden Vorarbeiten, zu den allseitig bahnbrechenden

Virchow's, zu den monographisch umschriebenen Keller's, Ecker's, Genthe's, Hostmann's, von Sacken's u. A., eine beständig wachsende Zahl rüstiger Helfer hinzuzutreten beginnt. Eine vielversprechende Einlenkung auf die geographische Bahn ist auch im Norden durch Sophus Müller's letzte Publikation vorbereitet, wie in Frankreich der geographische Gesichtspunkt nie ganz aus den Augen gelassen ist, und in England bei der insularen Beschränkung noch bestimmter durchzuführen war. Im Gegensatz zu jener, durch äffende Phantome gekünstelten, Modekrankheit, von der sich manche Fächer der exacten Disciplinen allzu nachgiebig haben inficiren lassen, wird es für die prähistorische Schule angezeigt sein, der in der Geologie so fruchtbringend erprobten Methode zu folgen, nämlich mit scharfer und minutiöser Specialisirung des Jüngsten und Spätesten zu beginnen, mit dem der historischen Schwelle Nächsten, (und dem im Wiederschein von dort bereits deutlicher Unterscheidbaren), was eben deshalb auch wiederholter und wechselnder Controle unterworfen werden kann. Hier wird es am ehesten gelingen, die naturgewachsene Bodenfläche zu erkennen, um dann von ihr aus, schrittweis und allmählig, unter vorsichtiger Prüfung für jeden Auftritt, den Forschungszug in die noch unbekannten Weiten der Vorzeit zu unternehmen und die sie umlagernden Dunkel mit der bereits entzündeten Fackel mehr und mehr zu erhellen.

Einzelne prägnante, oder in ihrem isolirt umschriebenen Vorkommen charakteristisch gestempelte, Objecte werden dabei auf dem in fast monotonem Grau des gleichmässig Unbekannten verschwimmenden Entdeckungsfeld erwünschte Landmarken abgeben, wie sie von Virchow's Scharfblick bereits in den Gesichtsurnen, den Bronzewagen u. A. erkannt und verwerthet sind. In ähnlicher Weise entsprach dem Zeitbedürfnisse, soweit es sich um thatsächliche Belege handelt, Hildebrandt's Bearbeitung der Fibula in ihren geographisch nachweisbaren Variationsformen, und andere Markirungen wieder mögen durch verschiedene Schichtungen hindurch, als Leitmuscheln, verwandt werden, wie die von der ältesten bis fast in die jüngste Periode der Vorgeschichte zu verfolgenden Bronzeschwerter, deren in Kemble's, Worsaae's, Madsen's, Montelius', sowie kürzlich Sophus Müller's Veröffentlichungen mehrfach (eingehender, als früher) berücksichtigte Fundbeigaben ihre eigene Geschichte werden erzählen müssen, sobald sich in dem Ueberblick der Zusammengehörigkeit die Vergleichungspunkte gegenseitig bestätigen.

Um hier zu mitzuwirken, sind im Folgenden die Bronzeschwerter¹) des Königlichen Museums zu Berlin veröffentlicht, und sollten andere Museen sich bereit finden, in ähnlicher Weise vorzugehen, sollte uns also eine Gesammtüberschau sämmtlicher mit Bronzeschwertern verbundenen Fundstücke gewährt werden, so würde, durch die mit Nothwendigkeit aus den aufgedeckten Berührungspunkten fliessenden Consequenzen, in dem schwankenden Meere prähistorischer Hypothesen einer jener Pfeiler aufgestellt sein, deren es zu anordnender Orientirung der Richtungslinien als vorläufiger Wegweiser bedürfen wird.

Im Hinblick auf solches Ziel musste es als Pflicht erscheinen, unter Wahrung objectiver Darlegung, alle subjectiv beeinflussten Meinungen zu unterdrücken, und deshalb werden, neben Beschreibung und Abbildung, die Fundberichte einfach so geboten, wie sie sich in den Catalogen der Sammlung finden, mit absichtlicher Enthaltung von jeder Aenderung der vorhandenen Documente, die oft genug zwar mangelhaft erscheinen

¹) Ausser den Bronzeschwertern der Nordischen Abtheilung der Königlichen Museen, konnten mit freundlicher Beistimmung der Directoren Herr Prof. Curtius und Herr Prof. Lepsius, auch die der Antiquarischen und die der Aegyptischen Abtheilungen den Tafeln beigefügt werden (wie in der Beschreibung angezeigt). Durch einige der zwischen Schwerter und Messer schwankenden Formen wurde ausserdem Veranlassung zur Aufnahme noch sonst verwandter Stücke gegeben.

müssen, aber ebenso oft durch Zuthaten (vermeintliche Verbesserungen) aus mangelhafte in unrichtige verwandelt zu werden Gefahr laufen würden.

Dass es freilich um derartige Fundberichte, besonders für die älteren Bestände prähistorischer Museen, gewöhnlich etwas misslich bestellt ist, braucht dem Sachkenner nicht erinnert zu werden, doch sei dasjenige geboten, was übrig ist, um nicht etwa, wie gesagt, die spärliche Information durch voreilige Kritik noch weiter abzuschwächen, denn eine Kritik darf ihr Messer nicht zum Zurechtschnitzen der Facta verwenden, sondern nur, nachdem sich diese aus dem Aufbau der Induction zusammengefügt haben, eine vorsichtig angelegte Feile für zierlichere Glättung des etwa dann noch Ungefügen.

Mancherlei Ergänzungen werden sich von selbst anreihen aus den werthvollen Studien, die in den Werken Worsaae's, Engelhardt's, Madsen's, Hildebrandt's Montelius', Wilde's, Evans', Kemble's, Desor's, Chantre's, Gozzadini's, Lisch's, Lindenschmit's u. s. w. gewährt sind, und hoffentlich wird sich die Zahl der hier erforderlichen Fundamentalwerke in demselben Maasse vermehren, wie ihre Nützlichkeit bewährt erfunden ist.

Indem die Studien, um die in der Natur begründeten Analogien zu gewinnen, dem realen Thatbestand selbst erst die, zur Erkennung der für sein Verständniss erforderlichen Betrachtungen führenden, Regeln zu entnehmen haben, so musste die erste Aufgabe darin erkannt werden, die verschiedenen Funde, soweit nachspürbar, in ihren jedesmaligen Componenten zusammenzubringen, und hier allerdings hatte das Dreitheilungssystem einige Schwierigkeiten in den Weg gelegt, da eine allzu consequente Durchführung desselben zu einer methodischen Auseinanderreissung der Funde hätte führen müssen, und grade in wichtigen Complicationspunkten die objective Fragestellung verschieben konnte.

Wiewohl das Berliner Museum unter seiner früheren Direction nicht zu denjenigen Extremen gegangen ist, die man verschiedentlich von demselben verlangen zu müssen glaubte, da Leopold von Ledebur's diplomatische Genauigkeit bedingenden Lieblingsstudien seine Abneigung gegen die Farblosigkeit theoretischer Generalisationen wach erhalten mussten, so konnte man sich doch nicht ganz der Zeitrichtung entziehen, und aus solchem, an sich erklärlichem, theilweise auch gerechtfertigtem Schwanken resultirte eine gewisse Halbheit*) der Aufstellung in den Sammlungen, welche, obwohl sie in einigen Punkten jetzt zu Gute kommt, doch auf der andern Seite manche Verificirungen erschwert, so dass durchgreifende Reform der bevorstehenden Neu-Anordnung in einem, grössere Raumerweiterung gewährenden, Local vorbehalten bleiben muss. Dadurch, und auch aus anderen Gründen, sind zugleich einige der Zerstreuungen auf den Tafeln zu entschuldigen.

Die durch Lichtdruck nach Photographien hergestellten Abbildungen werden im Allgemeinen, wie zu hoffen steht, den an sie zu stellenden Ansprüchen genügen. Die ausgesuchte Eleganz, die sich neuerdings in einigen prähistorischen Publicationen bemerkbar macht, ist lieber nicht angestrebt worden, da, wenn sie allzusehr eine Norm werden sollte, die Wiedergabe möglichst massenhaften Materials, worauf es zur Erzielung provisorischer Uebersichten vorläufig vor Allem ankommen muss, schon des Kostenpunktes wegen darunter zu leiden haben würde.

*) Eine gewisse Gemeinsamkeit der Merkmale (das Aehnliche und Verwandte in „Form und Stoff", wie es kurz gesagt wird) sollte ähnlich, wie bei Thomsen (in seiner Verwahrung gegen die Leitung „durch den Stoff allein") zum Princip aufgestellt werden, obwohl freilich ein allzu schwankendes um den geschärften Ansprüchen heutiger Induction genügen zu können.

Als der Plan des vorliegenden Werkes der General-Verwaltung des Museum's unterbreitet wurde, erhielt derselbe von Herrn Graf von Usedom in dem jetzigen Umfang seine Bewilligung, und vielleicht wird es bei gleicher Geneigtheit möglich werden, noch andere Abschnitte aus den Sammlungen allgemeiner zugänglich zu machen.

Die Zusammenstellung und Anordnung der Fundberichte, sowie die Beschreibung der Stücke ist das Verdienst Herrn Dr. Voss'. Es war das keine leichte Arbeit, besonders, wie bereits erwähnt, für die älteren Erwerbungen der Sammlung, welche bisher noch keine durchgehende Revision finden konnten und auf eine solche wohl noch eine Zeitlang zu warten haben werden, da bei der jetzt ununterbrochenen Mehrung der Arbeit, mit den in tagtäglichem Nachwuchs so rapide gesteigerten Anforderungen an prähistorische und ethnologische Studien, erst bei einer, diesen neuen Verhältnissen Rechnung tragenden Erweiterung in der Verwaltung der Abtheilung ihnen die volle Aufmerksamkeit wird zugewandt werden können. Dieser schon seit länger dringende Wunsch hat sich während der Fertigstellung der vorliegenden Publication bedeutsam verstärkt, da die dadurch veranlasste Vorarbeit mancherlei Fingerzeige darüber gewährte, welch lehrreiche Aufklärungen die aus halb oder ganz vergessener Vergangenheit in den Tiefen der Sammlung begrabenen Funde bei methodischer Durcharbeitung an das Licht stellen werden.

Die Anfänge der Vaterländischen Sammlung Berlins liegen vielleicht weiter zurück, als die einer anderen gleichartigen, da sie über zwei Jahrhunderte hinausreichen. Wenn bereits zu einer Zeit, wo Ethnologie noch ein unbekanntes Wort war, Sammlungen für diese Wissenschaft damaliger Zukunft durch die Colonisations- und Handelspläne des grossen Kurfürsten angeregt wurden, so schaffte sich in der Verbindung mit dem an classischen Schätzen reichen Boden Cleve's, eine für Hebung und Aufbewahrung derselben günstiger in Berlin, besonders seit der Herüberkunft von Erasmus Seydel (1640), und der von Beger gewährten Pflege.

Schon aus dem Laufe des vorigen Jahrhunderts stammen einige derjenigen Bestände, wodurch die Sammlung früh bereichert wurde (wie die bei Oelrichs beschriebene Collection Eltester's u. A.) und seitdem hat sie sich stetig vermehrt unter Aufnahme mancher für topographische Charakterisirung maassgebender Gesammtfunde, für deren Vervollständigung gegenwärtig gerade vielversprechende Perspectiven eröffnet sind.

In ähnlicher Weise wie die Deutsche Anthropologische Gesellschaft bei ungehinderter Freiheit der Specialforschung eine Verwerthung der Einzel-Resultate durch die Centralisation anbahnte, wird sich vielleicht bei den prähistorischen Sammlungen deutscher Museen ein gegenseitig ergänzendes Zusammenwirken herstellen lassen, um denjenigen Ueberblick zu erleichtern, der bei dem Bestehen einer einzigen Hauptsammlung (wie in unsern Nachbarländern) in dieser gegeben wäre, obwohl dann wieder die Fülle des Details, welche überall in Localbestrebungen gepflegt wird, Beeinträchtigung erleiden könnte. Die günstigste Lösung möchte darin geboten sein, wenn eine Centralsammlung Vollständigkeit für die Haupttypen gewährte, von den Provinzialsammlungen dagegen eine jede die individuellen Schwankungen innerhalb ihrer Localität in der ganzen Weite derselben an einander zu reihen bemüht wäre.

Manche der in unbestimmter Allgemeinheit bereits für erledigt geltenden Fragen werden mit dem deutlicheren Detail-Einblick auf's Neue zur Erörterung herantreten, und unter den dadurch hervorgerufenen Controversen ist, während der Vorbereitung des nachfolgenden Werkes zum Druck, der Streit um die Bronze-

Zeit[1]) entbrannt, in welchem die Differenzen fast die Färbung einer Parteifrage anzunehmen drohten. Auch hier werden vielfach durch das Mitreden der Verkehrsbeziehungen historische Localfragen in den Vordergrund gedrängt und dadurch dem Zeitstreben nach anschaulicher Realisirung weiterer Vorschub geleistet werden.

An sich genommen, besitzt das Bestreben, an die Stelle theoretischer Schemen Völker von Fleisch und Blut als Träger unserer Alterthumskunde zu stellen, um so mehr seine innere Berechtigung, als dies eben, wie bereits erwähnt, den hauptsächlichsten Gesichtspunkt der Forschung zu bilden hat, dasjenige Ziel, bei dessen Erreichung erst, in dem Pflücken der dann gereiften Früchte, die mühevollen Vorarbeiten ihre Belohnung empfangen werden. Die von Landau angeregte Gau-Geographie Deutschlands, wie sie nach von Ledebur's

[1]) Die Abwehr gegen die Anerkennung eines Bronze-Alters im mittleren und südlichen Deutschland (wie in Russland, in den Weichselländern, in Ungarn u. s. w.) durch jedesmalige Specialforscher, ist neuerdings wieder mit solcher Entschiedenheit hervorgetreten, dass die Frage dort als bereits entschieden gelten kann, und während Leemans die Scheidung des Bronze- und Steinalters in Holland vermisst, räumt Bertrand („Verlängerung der Bronzezeit bis ins IV. Jahrhundert für Mitteleuropa") andererseits früher aufgestellte Beschränkungen fort. Das bei Heilly gefundene Bronzeschwert (1801) soll durch die Münze Caracalla's seine Datirung erhalten, das von Pecquigny (bei Abbeville) durch die des Kaisers Maxentius, die bronzene Lanzenspitze Trier's durch die Trajans, die Bronzen der Mahlen oder Hemden von Chadrakts (bei Fügisch) durch die des Drusus und Claudius (oder Bonstettens Steingeräth durch Constantin II., Morlots durch gallische Medaillen, irländische auch angelsächsische Münzen etc.) und Wright schliesst sich Cochet an, um die Bronzeschwerter der Römerzeit zuzufügen. Zugleich beginnen die ursprünglichen Quellen spärlicher zu fliessen, da Chabas' Einwendungen bei Aegypten (mit Cooper's Auffindung des Eisens in frühesten Hieroglyphen und Vyses in den Pyramiden), Oppert's bei Babyloniern, Rawlinson's bei Assyrien (wonach Layard's Funden unter den Metallen Eisen „was the one which most abounded"), durch Schliemann's Untersuchungen in Mycenae verstärkt werden, wo sich Bronze mit Eisen und Stein zusammenfindet, während die Argumente aus dem Kriege um Troja, schon ehe dort die Bodenlagerung befragt wurde, manchen philologischen und archäologischen hervorgerufen haben, ohne eben eine günstige Antwort zu geben (die in Rücksicht auf Virgil (in seinen aus Vergangenem herübergenommenen der von Aristoteles angeknüpften Beschreibungen) in Suspenso bleibt). Wenn Retzius im Zusammenliegen der Stein- und Bronzegeräthe im Grabe von Kivik die letzte Epoche der Steinzeit sieht, so hätte sich das, gleich den ähnlichen Vorkommnissen (von freilich nicht so ganz geringer Zahl), in die nordischen Anschauungen einzufügen, während der Steinspitzen zwischen Bronzegeräthe und Bernstein im Dolmen von Carlac (s. Cartailhac) wieder andere Deutungen erfahren mögen, da es an solchen für Dolmen oder Cromlech, und ihre Mischfunde überhaupt, nicht gefehlt hat in Frankreich, so wenig wie in England, oder auch nicht in Deutschland, wie es Estorff's lüneburgische Steingräber bezeugen, und zu den Beispielen von Veilbye und Jaegerspris würde Bauerlwitz kommen, Wallmann's Eisenpferd im Ganghaus von Assilla u. A. m. In den Grabhügeln bei Vassdki wurden Steingeräthe mit Eisen zusammen angetroffen (s. Ouvaroff), in den Kurganen von Kiew Eisen, Bronze und Stein, in baltischen Gräbern römische Münzen mit Stein (wie bei Stanton in Suffolk) und Eisen, zu denen der Merier (s. Paronski) Münzen der Anglosachsen und Kalifen neben Steingeräthen u. s. w., und über das Vorkommen von Stein in der jüngsten Form prähistorischer Urnen, s. Verhandlungen der Anthropologischen Gesellschaft zu Berlin (in der Zeitschrift für Ethnologie), z. B. in der Februar-Sitzung 1878. Wie sehr die im Lande gegebenen Verhältnisse den Gebrauch des Materials selbstverständlich bedingen, zeigen die afrikanischen Beispiele über den Antheil der Bronzezeit, und andererseits mögen politische Zufälligkeiten ihre Consequenzen hervorrufen, wie Carl's M. Ausfuhrverbot von Eisenwaffen an die slavischen Völker, oder die den Römern im Vertrag mit Porsenna auferlegte Beschränkung beim Gebrauch des Eisens, sonst der Metallverarbeitung, u. dergl. m. Das würde dann noch in Specialfällen dem etruskischen Handel zu Gute gekommen sein, der sich weit durch die Länder verbreitete (signa tuscanica per terras dispersa, quae in Etruria facticata non est dubium), und zu Plinius Zeit wurden die etruskischen Bronzen, seinen Worten gemäss, überall hin verführt, wie auch die Griechen nach Athenäus etruskische Metallwaaren bezogen. Bei Caesar's Besuch bedienten sich die Britannier eingeführter Bronze (aere utuntur importato), und die von Tacitus auch bei den Germanen erwähnte Seltenheit des Eisens geht zugleich daraus hervor, dass Eisenringe noch als Geld zu dienen vermochten. Im Falle gleich der Ausfuhr eherner Waffen auch die bronzener verboten war, mochte ein Schleichhandel mit Gefässen entspringen, um zum Umgiessen den „Marchands fondeurs" (s. Chantre) Arbeit zu geben. Im Kriege mit den Caledoniern (unter Galgacus) lässt Tacitus die römischen Hülfstruppen mit Schwertern bewaffnet sein, auf deren den Bronzeschwertern ähnliche Form bereits hingewiesen worden ist. Die Römer hatten nach dem zweiten punischen Kriege die spanische Form des Schwertes adoptirt (s. Livius) und die Vorzüge ihres kurzen Schwertes über das lange und biegsame der Gallier findet verschiedentlich Erwähnung. Auf die den Steinhämmern in der Einfügung ähnliche Form der barbarischen Waffen auf den Virgil illustrirenden Malereien (des IV.—V. Jahrhunderts), wird (bei d'Agincourt) aufmerksam gemacht und (von Roach Smith) auf die (den bronzenen in der Form entsprechenden) Spiralringe der kämpfenden Krieger auf den bei Colchester gefundenen Grabsteinen (römisch-britischer Zeitepoche). Wie in Kent von der Verbindung von Steinfunden mit römischen gesprochen wird, so traf Beaulieu römisches Töpfergeschirr mit einer Steinaxt in Cerieres (Côte d'or), Leland gallo-römisches im Dolmen von Kerlaunt u. s. w. Aus den vorgeschichtlichen Annalen Irlands, wo Claidheamh oder Claideam dem römischen „Gladius" (s. O'Donovan) entspricht, ziehen (bei Braune) unter dem eingeforderten Tribut von Schwertern „swords imported from afar", und die seltene Kunst des Schmiedens wird in der germanischen Heroen-Zeit mit Ausdrücken gepriesen, wie sie bei dem Suchen des Spartaners in arcadischer Schmiede (s. Herodot) nahe gelegen haben würden. Die sorgsamere Untersuchung der nördlichen Handelsstrassen, aus Italien sowohl, wie von den griechischen Colonien im Scythenlande am schwarzen Meere, auf geographisch gesicherten Grundlagen und mit statistisch markirten Orientirungspunkten, verspricht eine Reihe neuer Aufschlüsse, die bereits unter gut befähigten Händen sich zu eröffnen beginnen. Das hierher Gehörige findet in der Zeitschrift für Ethnologie, Jahrgang 1873 (Heft VI., S. 471–478), eine Behandlung und neuere Beiträge lassen sich den Jahrgängen 1876 und 1877 des Archivs für Anthropologie entnehmen.

hochschätzbaren und verdienstvollen Vorarbeiten, von Böttger[1]) jetzt eine kartographische Umrahmung (wenigstens für ein wichtiges Theilganze) erhalten hat, beginnt den Boden zu prüfen, auf welchem wir zu stehen haben, und welchem sich der in Frankreich[2]) durch Desjardins, Lognon u. A. vorbereitete anreihen wird.

Freilich bedarf es hier vor Allem bedächtiger Vorsicht, denn auf dem gegenwärtigen Standpunkt der vaterländischen Alterthumskunde erhebt sich noch das Bedenken, ob die soweit gewonnenen Resultate bereits ausreichen dürften? oder ob wir uns nicht, beim Rechnen mit unzulänglichen Daten, auch jetzt wieder auf allerlei Localpfade im Labyrinth der Provinzialitäten verlieren könnten, die bei Ermangelung eines gemeinsamen Ausgangspunktes das bisher in gegenseitigen Ergänzungen so förderliche Zusammenarbeiten der verschiedenen Länder erschweren würden. Gewiss wird solchem Detail, in jeder kleinsten Einzelheit, volle Rechnung zu tragen sein, aber die idiomatischen Schwankungen (so zu sagen) haben sich erst in ihren grösseren Gruppen abzuklären, damit die Hauptsprachen für allgemeine Verhandlungen, im internationalen Sinne, verständlich bleiben.

Um die noch räthselhaften Materialien ungehindert aufzuschichten, konnte man bisher, wie innerhalb eines neutralen Gebietes, auf jener tabula rasa des Periodensystems von allen Seiten zusammentreffen, und über die Schrift, mit welcher sie definitiv zu beschreiben sein wird, bleibt es räthlich, nicht eher eine feste Entscheidung zu treffen, als bis man sich einigermassen bewusst ist, die Sprache, in welcher jene aus der Tiefe der Gräber ans Licht tretenden Symbole zu uns reden wollen, in den (überall als gültig erweisbaren) Hauptzügen wenigstens, bemeistert zu haben.

Im näheren Bezug auf die Bronzefrage stehen ohnedem aus der Ethnologie[3]) weiter aufklärende Beiträge zu erwarten, da sich in ihren Sammlungen die Funde aus den altamerikanischen Culturstaaten, deren Geschichte mit dem Bronzealter abschloss, genügend vermehrt haben, um eine methodische Betrachtung derselben beginnen zu können, und auch aus anderen Völkerkreisen neue Aufklärungen hinzutreten. Afrika dagegen lieferte deutliche Vergleichspunkte für den natürlich gegebenen Gebrauch des Eisens, für welches „king of the metals" Day in die Schranken tritt, unter Berufung auf Lowthian Bell (neben manch' unnöthiger, oder auch ungehöriger Zuthat).

So wenig deshalb der jetzige Augenblick gerade als ein für Aufstellung neuer Systeme[4]) bereits geeigneter betrachtet werden darf, ebensowenig kann es andererseits einem Zweifel unterliegen, dass die bisherigen An-

[1]) Böttger: Diöcesan- und Gaugrenzen Norddeutschland's zwischen Oder, Main, jenseits des Rheins, der Ost- und Nordsee (I. bis VI Abthl.), in zwei Bänden, Halle 1875—76. — Boettger: Wohnsitze der Deutschen in dem von Tacitus in seiner Germania beschriebenen Lande. Stuttgart 1877.

[2]) Ernest Desjardins, Géographie historique et administrative de la Gaule Romaine. Bd. I., II. Paris 1876. 78. gr. 8. — Auguste Lognon, Géographie de la Gaule au VIe siècle. Paris 1878. gr. 8.

[3]) Die anthropologischen Schichtungen, die auf dem heimischen Boden der Culturvölker bereits tief unter einer Reihe späterer Ueberlagerungen begraben liegen, treten in dem Gesichtskreis der Naturstämme noch heute zu Tage, um uns den vor den Augen spielenden Wechsel thatsächlicher Beobachtungen der Ethnologie das Mittel zu gewähren, wodurch jenen stummen aus den Gräberfunden hervortretenden Zeugen ein lebendiges Wort in den Mund gelegt werden kann, ihre eigene Geschichte zu erzählen. Die Beweise dafür haben sich in der hier zur Verarbeitung stehenden Sammlung während der letzten Jahre in überraschender Weise vermehrt, und werden ebenfalls bei der bevorstehenden Neuorganisation derselben, nach Fertigstellung des im Bau begriffenen Museums, zur Verwerthung kommen.

[4]) Il faut simplement la considérer comme un meuble à tiroirs, dans lequel on placent facilement et commodément à des niveaux différents, tous les faits et toutes les observations, bemerkte Mortillet (1872) über seine Classification der paläolithischen Zeit (in [illegible] Scheidung), und in solcher Weise kann eine übersichtlich anordnende Classificirung je nach Umständen deren Vortheil daraus ziehen. Es muss aber dagegen gewarnt werden, solche Hülfen des Systems als Facta in den Thatbestand einführen zu wollen, sonst folgen die so vielfach in der Geschichte der Naturphilosophie zu beklagenden Verwirrungen derjenigen Hypothesen, die von richtigen Anschauungen ausgesetzt, sich auf Nebenwege verirrten und dort durch Hallucinationen geblendet, in wüsten Phantasiegebilden verloren gingen.

sichten über unsere prähistorische Vergangenheit unmerklich tief eingreifende Modificationen erfahren und nicht im Stande sein werden, sich noch für viel länger hinaus einer durchgreifenden Umgestaltung zu entziehen.

Je mehr man in den alten Beständen der Sammlungen die früher zerrissenen Funde wieder zusammensucht und aus dem somit erhaltenem Bericht ein Bild der Lagerung zu entwerfen strebt, desto schwieriger erscheint es, die Thatsachen ohne subjective Vergewaltigung den adoptirten Rubriken einzufügen, und gleiche Bedenken stellen auf den in der Gegenwart eröffneten Arbeitsfeldern in zunehmender Zahl die dort genauer beobachteten Funde entgegen *)

Um dem Durcheinanderlaufen**) theoretisch verschiedener Abschnitte seine Regelwidrigkeit zu nehmen, hat es an künstlich deutenden Erklärungen nicht gefehlt und so lange nicht allen Cautelen (besonders statistischen Wahrscheinlichkeitsrechnungen)***) ihr volles Gewicht zugestanden ist, wird sich auch mancher Ausnahmefall durch aushelfende Entschuldigungen in das Schema einzwängen lassen. Nicht auf die Intactbewahrung dieses aber kommt es an, sondern auf einen objectiv ungetrübten (auch absichtslos ungefälschten) Ueberblick der Thatsachen als solcher, in möglichst umfassender Vervollständigung.

In Vorbereitung des hierfür einzuschlagenden Weges hat Chantre's Prachtwerk ein nachahmungswürdiges Beispiel aufgestellt, und obwohl Bertrand's Protest in seinen Einwendungen gut begründet ist, werden doch auf dem der Bearbeitung unterzogenem Gebiet die directen Resultate der Forschung um so mehr ihre ungeschwächte Bedeutung bewahren, weil es nach der Einrichtung des Buches leicht gemacht ist, das Gerüst des thatsächlich Gewissen von dem hypothetisch darüber Schwebenden getrennt zu halten.

Als unerlässliche Vorbedingung für eine gedeihliche Entwickelung der prähistorischen Kenntniss hat die Feststellung der topographischen Basis zu gelten, zunächst in genauer Localbeschreibung und in statistischer Registrirung der Funde.

---

*) Hypothesen können innerhalb einer gut begründeten Wissenschaft, selbst wenn etwas gewagt, nicht viel Schaden thun und wirken gegentheils oft anregend. Das Bedenkliche derselben tritt bei ihrer Entstehung ein, wenn sie von dem Boden, auf dem sich die natürlichen Controllen bieten, losgelöst, in fremden angepflanzt werden, indem sie sich dann leicht als gleichberechtigt den Thatsachen selbst zwischendrängen. Dem Physiker thut seine Aether Hypothese gute Dienste, und für ihn ist daraus kein Schaden zu fürchten, wogegen sie dem Chemiker alle seine Luftanalysen fälschen würde, wenn ohne Vorbehalt adoptirt. So besitzt Laplace's Nebulartheorie nicht nur für den Astronomen ihre gute Berechtigung, sondern in gewisser Hinsicht auch für den Geologen, und ebenso mag dieser für jene Zahlensummen einzustehen vermögen, die in der paläolithischen Anthropologie dagegen zu einem Würfeln mit Nullen verführt hat, das einer strengen Wissenschaft wenig würdig erscheint.

**) Welchen verschiedenen Relativwerth unsere Fundberichte gleich denen aus den traditionellen Gräbern des Nordens (von den Friesen bis zu den Haraldern in 1044 vorliegenden oder die merowingischen von Cochet bis Hillescamps, dann von Lebruyère, Bazier u. s. w.) erhalten, wenn als grundlegender Baustein zur Aufführung eines Systemes verwandt oder wenn erst dem bereits bestehenden System mit Entschuldigungsfloskeln für das Unpassende der Erscheinungen zwischen hineingeschoben. Und es vielfach in den Dolmen, wie (von den algerischen nicht zu reden) dem von Corrèze, den Funden von Mane Bodegrade (Karnac), den englischen Bateman's, dessen Flowers auf Heron oder dem Durcheinander in gallorömischen Todtenurnen (der Haute-Loire), und rheinischen und britischen Friedhöfen (Sussex), in den Gräbern von St. Privat d'Allier, von Dausgrecy, von Varennes u. s. w., in Terramaren und italienischen Necropolen, die trotz sorgfältig arbeitender Beobachtungen mitunter ebenso schwierig zu klären sind, wie die Bronze in den Pfahlbauten von Robenhausen, das Eisen in sog. Bronze-Stationen am Ueberlinger See, das Nebeneinander von Stein, Eisen und Bronze bei La Tene u. dgl. m., und andere Complicationen, die noch eine lange Zahl von Detailforschungen erfordern müssen, ehe ein sicherer Boden unter den Füssen gewonnen sein kann.

***) Wenn man in Europa paläolithische und neolithische Werkzeuge durch eine weite Kluft hat von einander trennen wollen, so zeigt sich dagegen ein Durcheinanderlaufen Beider in den Ergebnissen indianischer Funde, die auch in anderen Punkten die in Europa in tiefer Vergessenheit begrabenen Schichtungen ethnischer Vorgeschichte zu Tage treten lassen, so dass sich, wie mehrfach hervorgehoben, die Chronologie eines Steinalters nicht im Allgemeinen feststellen lässt, sondern nur nach lokalen Ergebnissen und auch dann mit Voraussetzung derjenigen Vorbehalte, die neuere Beobachtungen in Irland, Schottland, Orkney-Inseln u. s. w. dargelegt haben, wo schon gelegentlich die von Wallace's Notizen (1204) geführten Statistiken oder die der Schlacht von Limerick, der von Sealer u. A. in Erwähnung gebracht sind. Überdies zeigen die Beobachtungen in den Höhlen von Mediliboul, bei Buxton auf Uferseiten das Unsichere in zeitlicher Berechnung der stalagmitischen Absätze, die besonders derart täuschende Ergebnisse liefern müssen, wenn das dem Hauptsächlichen folgende Nachtröpfeln in seinen Ratten für jenes verwerthbar gelten soll. Boyd Dawkins schliesst aus Farrar's Untersuchungen (des Jockey Cap), that the value of a layer of stalagmite in measuring the antiquity of deposits below it, is comparatively little, und das Gleiche wird durch Pengelly bestätigt (aus Kent's Cavern.

Das eigentliche Problem unserer Wissenschaft ruht in der Chronologie, hier schlingt sich der zu lösende Knoten und der aus ihm abgewickelte Faden wird uns dann allmählig aus dem prähistorischen Dunkel zu ethnischen Gestaltungen innerhalb eines historischen Horizontes zu führen haben. Sobald jedoch einmal die Chronologie in diesem ihrem Charakter, als das zur Lösung vorliegende Problem, anerkannt worden ist, so ergiebt sich aus den Regeln der inductiven Forschung, dass sie in den Rechnungen als ein noch unbekanntes X zu figuriren haben wird, dass sie also nicht innerhalb der Gleichungen durch Substituirung mehr oder wenig willkürlicher Werthe verundeutlicht werden darf, sondern vielmehr so lange ohne Werth (soweit nicht relativ bedingten) bleiben muss, bis der definitive durch allmähliges Eliminiren der Unbekannten gewonnen werden kann.

Es folgt demnach, dass der Ausgangspunkt solcher Rechen-Operationen, da er in den Bereich dieser, noch als unbekannt niederzusetzenden, Chronologie nicht genommen werden darf, in einem davon verschiedenen zu suchen sein wird, und zwar auf demjenigen, bei dessen genügender Klärung sich Aussicht für das Schlagen einer verbindenden Brücke zeigt, nämlich auf dem topographischen.

So scheint es durch die Natur der Sache selbst angezeigt, dass die Thätigkeit auf prähistorischem Gebiete, zunächst auf topographische Detailforschung zu concentriren sein wird, um dann allmählig aus den scharf erkannten Differentialen die chronologische Zeitfolge, so zu sagen, zu integriren. Aus genauerer Constatirung des Wo? und Wie? in vorgeschichtlichen Funden, wird richtige Combination der Vergleichungspunkte zur Berechnung des Wann? hinüberführen und so, mit weiter zunehmend geschichtlicher Färbung, mehr und mehr in das Maschennetz eines fassbaren Studiums hineinfallen, wogegen es vergebens bleiben müsste, Netze auszustellen, um eine in relationslosen Weiten umherschweifende Vorgeschichte darin einzufangen.

Bei dem wachsenden Interesse, das sich in allen Ländern des internationalen Verkehrs für die jedesmal vaterländische Alterthumswissenschaft bekundet, bei aufklärenden Collateral-Parallelen, die sich aus den für die Ethnologie gewonnenen Materialien entnehmen lassen, in Anwendung der Inductionsmethode, auf diesem wie auf allen Gebieten exacten Forschens, als allein zuverlässigen Führer's, wird gewiss unter umsichtig ergänzendem Zusammenarbeiten, sehr bald eine Ernte sorgsam gezeitigter Früchte zu erwarten stehen.

A. Bastian.

Dankerstattung.

Die auf Tafel II, Fig. 5 (s. a. Tafel XIII, Fig. 4) sowie Tafel V, Fig. 2 abgebildeten Schwerter sind dem Königlichen Museum durch die Huld Sr. Majestät des hochseligen Königs Friedrich Wilhelm IV. überwiesen worden.

Auch ausserdem bleibt eine Reihe werthvoller Geschenke zu verzeichnen, von deren Gebern wir im Nachstehenden die Namen in alphabetischer Ordnung folgen lassen.

Herr **Augustin**, Rittergutsbesitzer, auf Ziegelsdorf bei Burg im Magdeburgischen. (Taf. XVI, 6–8; 9; 10; 11 u. 12–22.)

„ **von Barnekow** auf Ralswiek, Rügen. (Taf. V, 1 u. 2.)

„ **von Bredow** auf Bredow bei Nauen, Osthavelland. (Taf. XI, 1—9.)

„ **Hafemann**, Gutsbesitzer, auf Bethkenhammer, Kreis Deutsch-Krone, Westpreussen. (Taf. VI, 6a u. 6b.)

„ **von der Hagen**, Geh. Justizrath, auf Hohennauen, Westhavelland. (Taf. I, 3.)

„ **von der Hagen** auf Stölln, Westhavelland. (Taf. I, 1; 2; 4 u. 5; Taf. II, 2.)

„ **Hoff**, Commissionsrath, zu Berlin. (Taf. XIV, 6.)

„ **Jahn**, Drechslermeister, zu Berlin. (Taf. II, 11.)

„ **Klöden**, Professor, Director der Gewerbeschule zu Berlin. (Taf. IV, 13—16.)

„ **Dr. Kuhn**, Professor, Director des Cölnischen Gymnasiums zu Berlin. (Taf. VI, 9—11.)

„ **von Meyer** auf Helpe, Königl. Landrath des Kreises Arnswalde. (Taf. III, 1—28.)

„ **Freiherr von Puttlitz** auf Pankow in der Ost-Priegnitz. (Taf. IV, 18 u. 19.)

„ **Gottlob Richter**, Häfner, zu Polzen bei Schlieben, Kreis Schweinitz. (Taf. XIV, 9—14.)

Frau **Minna Schrader**, geb. **Schaeffer**, zu Ziesar. (Taf. VI, 12—17.)

Herr **Teichert**, Rentier, zu Potsdam. (Taf. VI, 3 u. 4; Taf. XV, 1.)

„ **Ulrich**, Wasserbau-Inspector, zu Genthin. (Taf. II, 7.)

„ **Dr. Wagner**, Kreis-Physicus, zu Schlieben, Kreis Schweinitz. (Taf. XIV, 8.)

Uebersicht der Fundorte

nach Ländern und Provinzen geordnet.

Aegypten.

Theben. Taf. XVI, 31 a u. b; Text: S. 73. Dolch mit Lederscheide.

Unter-Aegypten. Taf. XVI, 32; Text: S. 73 u. ff. Schwertklinge.

Dänemark.

Landsmark auf Seeland. Taf. VIII, 12a—c; Text: S. 38 u. ff. Schwert, Baumrinde, Thierfell. — Taf. IX, 18; Text: S. 38. Klingenfragment. — Taf. IX, 19; Text: S. 38. Dolchklinge. — Taf. IX, 20; Text: S. 39. Schwertfragmente.

Ohne nähere Angabe des Fundortes (Seeland?). Taf. VIII, 13; Text: S. 33. Schwert. — Taf. VIII, 11; Text: S. 34. Schwert.

Deutschland.

Anhalt.

Ohne nähere Angabe des Fundortes. Taf. VI, 18; Text: S. 26. Bronzemesser, in Kupfer nachgeformt.

Brandenburg.

Brandenburg a. d. Havel. Taf. IV, 22; Text: S. 16. Schwert.

Bredow bei Nauen. Taf. IX, 1—9; Text: S. 46 u. ff. Schwert, 2 Nadeln, 3 Paalstäbe, eine kleine Bügelfibula und eine grosse Plattenfibula, ein Armring.

Briesskow b. Frankfurt a. d. Oder. Taf. II, 3; Text: S. 3. Schwert.

Dahmsdorf, Kreis Zauche. Taf. IV, 20; Text: S. 14 u. ff. Dolch.

Grenzhof b. Königsberg i. d. Neumark. Taf. XI, 18; Text: S. 49. Bronzemesser.

Güstebiese b. Königsberg i. d. Neumark. Taf. IV, 17; Text: S. 14. Dolchklinge.

Holzendorf i. d. Uckermark. Taf. I, 8; Text: S. 2. Schwert.

Karlswerk b. Niederfinow, Kreis Angermünde. Taf. II, 5 (S. a. Taf. XIII, 4); Text: S. 3 u. 60. Schwert.

Liebenfelde b. Soldin, Reg.-Bez. Frankfurt. Taf. VI, 9—11; Text: S. 23 u. ff. Bronzemesser, Bronzenadel, Bügelfibula.

Lippehne, Kreis Soldin. Taf. XI, 17; Text: 49 u. ff. Schwert.

Nahhausen b. Königsberg i. d. Neumark. Taf. XVI, 25; Text: S. 72. Bronzemesser.

Niewitz b. Luckau. Taf. XI, 16; Text: S. 50. Dolchklinge.

Pankow, Ost-Priegnitz. Taf. IV, 18 u. 19; Text: S. 14. Zwei Dolchklingen.

Potsdam. Taf. IV, 13—16; Text S. 13 u. ff. Kinderklapper von Thon, Bronzeplatte, Bronzegriff und Bronzegegenstand unbekannter Gebrauchsweise. — Taf. XIV, 5; Text: S. 62. Bronzemesser.

Putlitz i. d. Priegnitz. Taf. I, 6; Text: S. 2. Schwert.

Schönfeld i. d. Priegnitz. Taf. IV, 23; Text: S. 16. Schwert.

Schwachenwalde, Kreis Arnswalde. Taf. III, 1—28. Grosser Bronzefund, aus vielen verschiedenen Stücken bestehend.

Sterbow b. Rathenow. Taf. IV, 21 (S. a. Taf. XIII, 5); Text: S. 15 u. ff. u. S. 60. Schwert.

Stessow, West-Priegnitz. Taf. VI, 5; Text: S. 21. Schwert. — Taf. XV, 2; Text: S. 21 u. S. 65. Thongefäss.

Stoellen b. Rhinow, West-Havelland. Taf. I, 1—5; Taf. II, 2; Taf. VI, 3 u. 4; Taf. XV, 1; Text: S. 1 u. ff., S. 3, 20 u. 65. (S. a. Nachträgliche Bemerkungen). Schwerter, Spinnwirtel u. Thongefässe.

Elsass(?)

Ohne nähere Angabe des Fundortes. Taf. XII, 5; Text S. 57. Schwert.

Hannover.

Roeper (Hoever?). Amt Medingen. Taf. XI, 10 u. 11, 14 u. 15; Text: S. 48 u. ff. 2 Schwerter, 1 Lanzenspitze, 1 Klingenfragment. — Taf. XI, 12 u. 13; Text: S. 49. 2 Dolchklingen.

Hessen-Darmstadt.

Obbornhofen i. d. Wetterau. Taf. XI, 18; Text: S. 50. Dolchklinge.

Holstein.

S. Schleswig-Holstein.

Mecklenburg.

Lezen b. Schwerin. Taf. XVI, 26—30; Text: S. 72 u. ff. Bronzenadel, lanzettförmiges Bronzemesser, bronzene Rasirmesserklinge, Pincette, gestieltes Bronzemesser.

Nassau.

Clarenthal b. Wiesbaden. Taf. IV, 11; Text: S. 12 u. ff. Dolch.

Pommern und Rügen.

Anklam, Vor-Pommern. Taf. V, 7 u. 8; Text: S. 19. Paalstab u. Schwert.

Bublitz, Hinter-Pommern. Taf. IV, 3; Text: S. 18. Schwert.

Neu-Stettin, Hinter-Pommern. Taf. V, 6; Text: S. 19. Schwert.

Pommern, unbestimmt. Taf. V, 4; Text: S. 18. Schwert.

Putbus auf Rügen. Taf. V, 9; Text: S. 19. Dolchklinge.

Ralswiek auf Rügen. Taf. V, 1 u. 2; Text: S. 18. Zwei Schwertklingen.

Rügen. Taf. VI, 2; Text: S. 20. Schwert.

Sorenbohm b. Cöslin, Hinter-Pommern. Taf. V, 5; Text: S. 18 u. ff. Schwert.

Posen.

Posen. Taf. XIV, 6; Text: S. 62. Bronzemesser.

Preussen. Ost-Pr.

Braunsberg. Taf. I, 7; Text: S. 2. Schwertklinge.

Preussen. West-Pr.

Rethkenhammer, Kreis Deutsch-Krone. Taf. VI, 6a. u. b.; Text: S. 21 u. ff. Commandostab.

Rheinlande.

Ohne nähere Angabe des Fundortes. Taf. XII, 3; Text: S. 53 u. ff. Schwert. — Taf. XII, 13; Text: S. 59. Schwertklinge.

Provinz Sachsen.

Altmark, ohne nähere Angabe des Fundortes. Taf. II, 12; Text: S. 5. Dolch.

Calbe a. d. Saale (?). S. u.

Fienerode b. Genthin, Reg.-Bez. Magdeburg. Taf. II, 11; Text: S. 5. Dolch.

Gösefeld i. d. Altmark. Taf. IX, 27; Text: S. 40. Bronzelanzenspitze.

Halberstadt. Taf. XVI, 9; Text: S. 68. Schwertklinge. — Taf. XVI, 10; Text: S. 68 u. ff. Schwert. Taf. XVI, 11; Text: S. 69. Schwert.

Mahndorf b. Halberstadt. Taf. XVI, 6—8; Text: S. 67 u. ff. Schwertklinge, Dolchklinge, Lanzenspitze.

Polzen, Kreis Schweinitz. Taf. XIV, 9—14; Text: S. 63 u. ff. Hälfte einer bronzenen Gussform für Paalstäbe, Paalstab, Speerspitze, Bronzemesser, Bronzering, Bronzesichel.

Rössen, Klein-R., Kreis Schweinitz. Taf. XIV, 8; Text: S. 62 u. ff. Bronzemesser.

Santersleben b. Magdeburg. Taf. II, 8; Text: S. 4. Schwert.

Schmon, Kreis Querfurt, Reg.-Bez. Merseburg. Taf. II, 8—10 u. 13; Text: S. 4 u. ff. 2 Schwerter, ein Klingenfragment und Griffspirale. — Taf. VI, 7 u. 8; Text: S. 22 u. ff. 2 Bronzemesser, 2 Paalstäbe, 1 Celt, 3 Sicheln, 1 Armring.

Seedorf b. Genthin, Reg.-Bez. Magdeburg. Taf. II, 11; Text: S. 4. Schwert.

Thale im Harz. Taf. XVI, 12—22; Text: S. 69 u. ff. 2 kleine Bronzebuckel, 2 Paalstäbe, Dolchklinge, 2 bronzene Zierplatten, Armspirale, Armring, Fragment eines solchen, Armschmuckfragment.

Ziesar, Reg.-Bez. Magdeburg. Taf. VI, 12—17; Text: S. 24 u. ff. Bronzegusskuchen, Fragment eines Bronzecelts, Knopf von einer Bronzenadel, Bronzemesser, Lanzenspitze von Bronze, Bronzepfriem.

Ohne nähere Angabe des Fundortes. (Calbe a. d. Saale?) Taf. XIV, 4; Text: S. 61 u. ff. Bronzemesser.

Schleswig-Holstein.

Bornhöved b. Segeberg, Holstein. Taf. VIII, 3; Text: S. 30. Schwert.

Brickeln, in Dithmarschen, Holstein. Taf. IV, 1; Text: S. 10. Dolchspitze. — Taf. IV, 7; Text: S. 11. Dolchklinge. — Taf. VI, 20 u. 21; Text: S. 26. 2 Dolchfragmente. — Taf. IX, 1—5; Text: S. 35. Dolch, Bronzehalsring, 2 Golddrahtspiralen, spiralig gewundener Bronzedrahtring. — Taf. IX, 25, (S. a. Taf. VI, 21); Text: S. 40. Dolchklinge. — Taf. XVI, 4 u. 5; Text: S. 67. Unteres Ortband einer Schwertscheide u. Paalstab.

Buchholz, in Dithmarschen, Holstein. Taf. IV, 5; Text: S. 11. Schwertfragment. — Taf. IV, 6; Text: S. 11. Schwertfragment. — Taf. IX, 10; Text: S. 37. Schwert. — Taf. IX, 11; Text: S. 37. Dolchklinge. — Taf. IX, 13; Text: S. 37. Dolchklinge. — Taf. IX, 14; Text: S. 38. Kurze Schwertklinge. — Taf. IX, 24; Text: S. 40. Platte von einem Schwertknauf. — Taf. IX, 31; Text: S. 41. Dolchklinge. — Taf. X, 13; Text: S. 44. Schwertklinge.

Burg, in Dithmarschen, Holstein. Taf. IX, 12; Text: S. 37. Dolchklinge.

Dithmarschen, Holstein, ohne nähere Angabe. Taf. IV, 8; Text: S. 11. Klingenfragment. — Taf. IV, 9; Text: S. 11. Pfeilspitze (?). — Taf. IX, 16; Text: S. 38.

Klingenfragment. — Taf. X, 4; Text: S. 42 u. f. Schwertklinge. — Taf. X, 5; Text: S. 43. Schwertknauf. — Taf. X, 11a u. b; Text: S. 44. Griffzunge u. Schwertklinge. — Taf. X, 14; Text: S. 44. Schwertknauf. — Taf. X, 16; Text: S. 45. Schwertknauf.

Dükerswisch, Dithmarschen. Taf. IX, 22; Text: S. 39. Schwertknauf.

Egstede, Dithmarschen. Taf. IV, 2; Text: S. 10. Dolch. — Taf. IV, 3; Text: S. 10. Dolch. — Taf. IV, 4; Text: S. 10 u. f. Dolch. — Taf. VII, 3–6; Text: S. 27 u. ff. Bronzene Lanzenspitze, Schwertklinge, Goldband, Bronzepaalstab. — Taf. VII, 7–11; Text: S. 28 u. f. (S. a. Taf. XIV, 3; Text: S. 61). 2 Spiralen aus Golddraht, Bronzeschwert, Goldreifen, Bronzepaalstab, Bronzemesser. — Taf. VII, 12 u. 13; Text: S. 29. Goldring u. Bronzeschwert. — Taf. VIII, 2; Text: S. 30. Schwert. — Taf. VIII, 4; Text: S. 30 u. f. Schwert. — Taf. IX, 15; Text: S. 38. Schwertklinge. — Taf. IX, 17; Text: S. 38. Klingenfragment. — Taf. IX, 26; Text: S. 40. Dolchklinge. — Taf. IX, 30; Text: S. 41. Dolchklinge. — Taf. X, 3; Text: S. 42. (S. a. Taf. IX, 20; Text: S. 40). Gestielte Feuersteinlanzenspitze. — Taf. X, 17; Text: S. 45. Schwertklinge. — Taf. X, 19; Text: S. 45. Schwertklinge. — Taf. XIV, 3; Text: S. 61. (S. a. Taf. VII, 7–11; Text: S. 28 u. f.) Bronzemesser.

Flottbeck, Gross-Fl., bei Altona. Taf. XVI, 24a u. b; Text: S. 72. Unteres Ortband einer Schwertscheide u. Dolchklinge.

Frestedt, Dithmarschen. Taf. VIII, 5; Text: S. 31. Schwert. — Taf. VIII, 11; Text: S. 32. Schwert. — Taf. X, 1; Text: S. 42. Schwert.

Hastedt, Dithmarschen. Taf. VII, 1 u. 2; Text: S. 27. Bronzeschwert und goldener Armring.

Hindorf, Dithmarschen. Taf. IX, 6a, 6b u. 7; Text: S. 35 u. f. 2 Klingenfragmente und gestielte Feuersteinlanzenspitze (Messer?).

Hohenhörner Mühle, Dithmarschen. Taf. VIII, 10; Text: S. 31 u. f. Schwert.

Kuden, Dithmarschen. Taf. IX, 23; Text: S. 39 u. f. Dolchknauf. — Taf. X, 15; Text: S. 44. Schwertfragment.

Oersdorf, Dithmarschen. Taf. VIII, 14; Text: S. 33 u. f. Schwert.

Quickborn, Dithmarschen. Taf. VI, 19; Text: S. 26. Schwertfragment.

Rade, Gross-R., Dithmarschen. Taf. VIII, 6; Text: S. 31. Schwertfragmente. — Taf. IX, 8 u. 9; Text: S. 36. Klingenfragment und halbmondförmiges Feuersteinmesser. — Taf. X, 18; Text: S. 45. Schwertklinge.

Satrup, Schleswig. Taf. XVI, 2; Text: S. 66. Schwertklinge.

Schafstedt, Dithmarschen. Taf. X, 12; Text: S. 14. Schwertklinge.

Schaalby b. Schleswig. Taf. XVI, 1; Text: S. 66. Schwertklinge.

Schleswig, Nord-Schl., ohne nähere Angabe. Taf. XVI, 23; Text: S. 71 u. f. Schwertklinge.

Westorf, Dithmarschen. Taf. IX, 29; Text: S. 41. Schwertgriff. — Taf. X, 10; Text: S. 44. Klingenfragment.

Griechenland.

Ohne nähere Angabe des Fundortes. Taf. XII, 9; Text: S. 58. Schwertklinge.

Italien.

Aquila, in den Abruzzen. Taf. XII, 6; Text: S. 57. Schwert.

Ohne nähere Angabe des Fundortes. Taf. XII, 7a u. b; Text: S. 57 u. f. Schwert und Scheide. — Taf. XII, 10; Text: S. 58. Schwert. — Taf. XII, 11; Text: S. 58 u. f. Dolch. — Taf. XII, 12, (S. a. Taf. XIII, 6); Text: S. 59 u. 60. Dolch.

Macedonien.

Pella. Taf. XII, 4 (S. a. Taf. XIII, 1); Text: S. 56 u. f. u. S. 60. Schwert.

Oesterreich-Ungarn.

Botzen, Süd-Tirol. Taf. XI, 28; Text: S. 53. Lanzen- oder Pfeilspitze (Messer?).

Comitat Liptau, Ungarn. Taf. XI, 20; Text: S. 50. Dolchklinge. — Taf. XI, 26; Text: S. 53. Kupferne Lanzen- oder Pfeilspitze.

Király-Lehota, Comitat Liptau, Ungarn. Taf. XI, 21, (S. a. Taf. XIII, 3); Text: S. 50 u. ff. u. S. 60. Schwert.

Kis-Bobrocz, Comitat Liptau, Ungarn. Taf. XI, 22–25. Text: S. 51 u. f. Schwert, Lanzenspitze und 2 Spiralenfibeln.

Pilin, Comitat Nográd, Ungarn. Taf. XI, 27; Text: S. 53. Lanzenspitze (Dolch?)

Siebenbürgen, ohne nähere Angabe. Taf. XII, 1, (S. a. Taf. XIII, 2); Text: S. 54 u. f. u. S. 60. Schwert.

Ungarn, ohne nähere Angabe. Taf. XVI, 33; Text: S. 74. Schwert.

Schweden.

Naxtorps Torfmoose, Harjagers Härad, Schonen. Taf. VI, 1; Text: S. 20. Schwert.

Schonen, ohne nähere Angabe. Taf. XVI, 3, Text: S. 68 u. f. Dolchgriff.

Gegenstände unbekannten oder unsicheren Fundortes.

Taf. II, 1; Text: S. 3. Schwert. — Taf. II, 4; Text: S. 3. Schwert. — Taf. II, 13; Text: S. 5. Dolch. — Taf. II, 14; Text: S. 5. Schwertgriff. — Taf. IV, 10; Text: S. 12. Dolchähnliche Lanzenspitze. — Taf. IV, 12; Text: S. 13. Bronzegefäss. — Taf. IV, 24; Text: S. 16 u. ff. Schwert. — Taf. VIII, 1; Text: S. 30. Schwertknauf (Holstein?). — Taf. VIII, 7; Text: S. 31. Schwertfragment. — Taf. VIII, 8; Text: S. 31. Griffzunge von einem Schwerte. — Taf. VIII, 9; Text: S. 31. Fragment eines Bronzemessers (Holstein?). — Taf. VIII, 13; Text: S. 33. Schwert (Seeland, Dänemark?). — Taf. VIII, 14; Text: S. 34. Schwert (Seeland, Dänemark?). — Taf. VIII, 15; Text: S. 34. Schwertfragment. — Taf. IX, 16; Text: S. 38. Klingenfragment (Dithmarschen?). — Taf. IX, 21; Text: S. 39. Griffzunge. — Taf. IX, 28; Text: S. 40 u. 41. Schwertfragment. — Taf. X, 2; Text: S. 42. Klingenfragment. — Taf. X, 5; Text: S. 43. Schwertknauf (Dithmarschen?). — Taf. X, 6; Text: S. 43. Schwertknauf. — Taf. X, 7; Text: S. 43. Klingenfragment. — Taf. X, 8; Text: S. 43. Schwertknauf. — Taf. X, 9; Text: S. 43. Heftplatte. — Taf. X, 14; Text: S. 44. Schwertknauf (Dithmarschen?). — Taf. X, 16; Text: S. 45. Schwertknauf (Dithmarschen?). — Taf. XII, 2; Text: S. 55. Schwert. — Taf. XII, 6; Text: S. 57. Schwert (Elsass?). — Taf. XII, 7a u. b; Text: S. 57 u. ff. Schwert und Scheide (Italien?). — Taf. XII, 8; Text: S. 58. Schwertklinge. — Taf. XII, 9; Text: S. 58. Schwertklinge (Griechenland?). — Taf. XII, 10; Text: S. 58. Schwert (Italien?). — Taf. XII, 11; Text: S. 58 u. ff. Dolch (Italien?). — Taf. XII, 12 (S. a. Taf. XIII, 6); Text: S. 59. Schwertklinge (Rheinlande?). — Taf. XIV, 1; Text: S. 61. Bronzemesser. — Taf. XIV, 2; Text: S. 61. Bronzemesser. — Taf. XIV, 4; Text: S. 61 u. ff. Bronzemesser (Calbe a. d. Saale?). — Taf. XIV, 7; Text: S. 62. Bronzemesser. — Taf. XVI, 9; Text: S. 68. Schwertklinge (Halberstadt?). — Taf. XVI, 10; Text: S. 68 u. ff. Schwertklinge (Halberstadt?).

Tafel I.

1—5. Fund von Stöllen bei Rhinow, westliches Havelland, Provinz Brandenburg. S. a. Taf. II, 2; Taf. VI, 3 u. 4 und Taf. XV, 1. Geschenk des Herrn von der Hagen zu Stöllen.

1. (Katalog-No. II. 2165.) „Bronzeschwert mit 1' 6" (47 Ctmtr.) langer, 1½" (4 Ctmtr.) breiter, in der Mitte und gegen die Heftplatte etwas verbreiterter, oben spitz zulaufender Klinge. Die lädirte Heftplatte scheint zweimal durchbohrt gewesen zu sein. Die Griffzange fehlt. Die Klinge hat 4 Rinnen."

2. (Katalog-No. II. 2166.) „Bronzeschwert. Die Klinge ist 1' 7½" (51,5 Ctmtr.) lang und nur 1¼" (3,2 Ctmtr.) breit und geschweift. Die undurchbohrte Heftplatte ist verziert und mit einer verletzten Griffzange versehen. Die Klinge ist ohne Verzierung, in der Mitte jedoch mit einfacher Rückenschneide."

3. (Katalog-No. II. 1973.) „Bronzeschwert, aus einem Stück gegossen und nur 1' 8½" (53 Ctmtr.) lang. Die 1' 4" (41 Ctmtr.) lange zweischneidige Klinge hat in der Mitte einen durchlaufenden, nach der Schärfe hin sich allmälig verflachenden Rückgrat, ist in der Mitte schmäler, als oben und unten, und hat in der Nähe des Griffes einen kleinen Absatz, der Griff in der Mitte eine mit 3 Nietöffnungen versehene Auskehlung und einen halbmondförmigen Schlussknauf."

4. (Katalog-No. II. 2169.) „Bronzeschwert von ungewöhnlicher Länge, denn die Klinge hat noch eine Länge von 2' (62,6 Ctmtr.), trotzdem dass die Spitze, die, der Verjüngung nach zu urtheilen, mindestens noch 4" (10,5 Ctmtr.) betrug, abgebrochen ist. Die Klinge ist fast durchgehends gleicher Breite 1¾" (4,5 Ctmtr.), nur am Griff-Ende ausgekehlt und mit Bogenverzierungen, in der Mitte mit mehreren Längsrippen geschmückt. Der 3" (7,6 Ctmtr.) lange Griff ist mit 3 Löchern versehen und endigte wahrscheinlich in eine ähnliche halbmondförmig gebogene ovale Platte, wie Fig. 3."

5. (Katalog-No. II. 2168.) „Bronzeschwert mit einer 1' 8" (52,75 Ctmtr.) langen und 1½" (4 Ctmtr.) breiten, wenig geschweiften Klinge mit feinen Blutrinnen. Statt der Heftplatte dient ein dreimal horizontal gerippter, beweglicher Schieber."

Herr von der Hagen, welcher den Fund, mit Ausnahme der Taf. VI, 3 u. 4 und Taf. XV, 1 abgebildeten Gegenstände, dem Museum schenkte, die einzelnen Stücke aber demselben zu verschiedenen Zeiten zugehen liess, bemerkt bei Einsendung des ersten Schwertes (Fig. 3) über die Auffindung desselben d. d. Hohennauen, den 17. November 1836, Folgendes: „Was das Schwert betrifft, so kann ich davon nur sagen, dass es vor zwei Jahren am Fusse eines nicht unbedeutenden Sandberges 1 Meile von Hohennauen, in der Richtung zwischen Havelberg und Friesack, ½ Meile vom Rhin, etwa 2 Fuss tief unter dem Sande liegend gefunden ist, indem ein Arbeiter Feldsteine zu roden beschäftigt war. Der Berg selbst heisst der Gollenberg und war vor 60 Jahren noch mit uralten Eichen und Buchen bewachsen."

Herr von Ledebur, damals Director der Sammlung, welcher im Jahre 1839 Herrn von der Hagen in Stöllen besuchte, berichtet darüber d. d. Berlin, den 24. Juni 1839: „Die wohlerhaltenen Schwerter, welche

Herr von der Hagen zu Stöllen dem Königlichen Museum verehrt hat, wurden angrenzend an eine Laake in dem sogenannten „Taterwinkel" (Zigeunerwinkel) im Sande, vom Winde aufgedeckt, gefunden, ohne Spuren von Thongefässen oder einer Begräbnissstelle." (S. a. v. **Ledebur**: Die heidnischen Alterthümer des Regierungsbezirks Potsdam. Berlin 1852. S. 38.)

Im Jahre 1874 schenkte Herr Rentier **Teichert** zu Potsdam, welcher zur Zeit der Auffindung in Stöllen anwesend war, die Taf. VI, 3 u. 4, sowie Taf. XV, 1 abgebildeten Stücke dem Königlichen Museum und machte mündlich dazu folgende Mittheilung: Die Schwerter (Taf. I, 1—5, Taf. II, 2, Taf. VI, 3) wurden zufällig gefunden auf dem Gollenberge an einer Stelle, in deren Nähe auch mehrfach Urnen gefunden sind. Der Spinnwirtel Taf. VI, 4 und das Gefäss Taf. XV, 1 wurden in einer Entfernung von etwa 19 Fuss von der Fundstelle der Schwerter ausgegraben. Sämmtliche 7 Schwerter lagen beisammen und waren mit einer bronzenen Kette umwickelt.

6. (Katalog-No. II. 6298.) **Fundort: Gegend von Putlitz in der Priegnitz, Prov. Brandenburg.** Ein kurzes zweischneidiges Bronzeschwert mit Griffzunge und 7 Nietlöchern in derselben zur Befestigung des Griffes. Die Klinge hat einen breiten Mittelrücken, von dem sich die schmale Schneide jederseits scharf abhebt. Gesammtlänge: 41 Ctmtr., Länge des Griffs: 9 Ctmtr., Breite der Klinge: 3,5 Ctmtr.

7. (Katalog-No. II. 3746.) **Fundort: Braunsberg in Ost-Preussen. Geschenk des Herrn Höpffner zu Braunsberg.** Schilfblattförmige geschweifte zweischneidige Klinge eines Bronzeschwertes mit breitem Mittelrücken und schmaler Schneide, ähnlich dem vorigen Schwerte. Zur Befestigung des Griffes dienen 4 kleine Nietlöcher am Rande der kurzen zungenförmigen Heftplatte. Länge der Klinge: 50,5 Ctmtr. Grösste Breite derselben: 3,5 Ctmtr. Wurde im September 1851 auf dem Felde der Neustadt Braunsberg bei Anlegung eines Grabens in einer Wiese im Moorgrunde gefunden.

8. (Katalog-No. II. 1014.) **Fundort: Holzendorf, zwischen Strassburg und Prenzlau in der Uckermark, Prov. Brandenburg.** Bronzeschwert. „Dasselbe wurde in der ersten Hälfte des vorigen Jahrhunderts angeblich 30 Fuss tief in der Erde, als ein Graben zur Ablassung eines Sees angelegt wurde, gefunden, ist 1' 10" (57,4 Ctmtr.) lang, hat eine zweischneidige Klinge, die in der Mitte am breitesten und sowohl an der kreisförmigen Heftplatte, wie an der Griffzunge mit 2 Nietöffnungen versehen ist. Es war bei der Auffindung in 2 Stücke zerbrochen, ist aber von dem früheren Besitzer zusammengelöthet und dadurch seines Edelrostes beraubt worden." Länge der Klinge: 52 Ctmtr., grösste Breite derselben: 3 Ctmtr.

Tafel II.

1. (Kat.-No. II. 5183.) Fundort: unbekannt. Lange schmale, degenartige, zweischneidige Bronzeklinge mit breitem Mittelgrat und 4 feinen Blutrinnen zu jeder Seite desselben. Ein 5,3 Ctmtr. langer Dorn diente zur Befestigung des Griffes. Länge der Klinge: 62,6 Ctmtr.; Breite derselben: 2 Ctmtr.

2. (Kat.-No. II. 2167.) Fundort: Stöllen bei Rhinow, West-Havelland. Zum Stöllener Funde gehörig. S. Taf. I, 1—5; Taf. VI, 3 u. 4 und Taf. XV, 1. **Geschenk des Herrn von der Hagen zu Stöllen.**

Zweischneidiges Bronzeschwert. „Dasselbe hat eine 1' 11" (60,1 Ctmtr.) lange und nur 1¼" (3,2 Ctmtr.) breite, wenig geschweifte Klinge mit feinen Blutrinnen und mit Triangulärschraffirung gegen das Griffende hin. Statt der Heftplatte dient ein dreimal horizontal gerippter, festgelötheter Schieber. Die schmale Griffzunge ist 2" (5,3 Ctmtr.) lang."

3. (Kat.-No. II. 2319.) Fundort: In einem Grabe bei Brieskow unfern Frankfurt a.O. (Aus der Sammlung der Mutterloge zu den 3 Weltkugeln zu Berlin.)

„Ein vollständig erhaltenes, ganz wie II. 1973 (Taf. I, 3) gestaltetes, nur in dem Griff abweichendes, 1' 8" (52,75 Ctmtr.) langes bronzenes Schwert, dessen eine Seite von der Patina befreit ist. Es wurde in einem Grabe bei Brisikow unfern Frankfurt a/O. gefunden. Der berühmte Chemiker Klaproth hat u. a. dieses Schwert und mehrere andere Metallwerkzeuge der Sammlung einer chemischen Analyse unterworfen. Das Ergebniss der Untersuchung hat er in einer Vorlesung auf der Akademie der Wissenschaften bekannt gemacht (abgedruckt im Journal für Chemie, Physik und Mineralogie, Bd. IV, Heft 13, No. 15, Juli 1807.). Es ergab sich bei diesem Schwerte das Mischungsverhältniss von 89 Theilen Kupfer und 11 Theilen Zinn." Länge der Klinge: 41,8 Ctmtr.; Breite derselben: 3,3 Ctmtr.; Länge des Griffs: 9 Ctmtr.

4. (Kat.-No. II. 5182.) Fundort: unbekannt.

Zweischneidiges Bronzeschwert. Die Klinge ist an der Spitze etwas abgerundet, in der Mitte mit einem kräftigen Mittelgrat und drei feinen Blutrinnen auf jeder Seite desselben versehen. Der etwas defecte Griff ist mit drei fein gerippten flachen Querwülsten verziert und mit 2 Nieten an der wahrscheinlich in einen kurzen Dorn auslaufenden Klinge befestigt. Derselbe endigt, ähnlich wie Fig. 3, in eine ovale Platte, deren Rand an einer Stelle defect ist. Länge der Klinge: 57,3 Ctmtr.; Breite derselben: 3,8 Ctmtr.; Länge des Griffs: 9 Ctmtr.

5. (Kat.-No. II. 3732.) Fundort: Karlswerk bei Niederfinow, Kreis Angermünde, Prov. Brandenburg. Geschenk Sr. Majestät des Königs Friedrich Wilhelm IV. S. a. Taf. XIII, 4.

Ein, wie es scheint, in einem Stück gegossenes zweischneidiges Bronzeschwert mit langer, verhältnissmässig schmaler, geschweifter, schilfblattförmiger Klinge, in deren Mitte ein breiter Mittelgrat verläuft. Der vierkantige, an den beiden Seitenflächen mit je 5 und 6 concentrischen Kreisen verzierte, an der Vorder- und Rückfläche mit 7 kleinen, Nietköpfen ähnlichen, Buckeln versehene, an den Kanten fein gekerbte Griff n die mit 4 concentrischen Kreisen in der Mitte verzierte Heftplatte, welche von einem hufeisen- ebenfalls mit 12 kleinen, Nietköpfen ähnlichen, Buckeln versehenen, an den Seitenflächen mit Querlinien verzierten Rande eingefasst wird. Die Endigung des Griffes bildet ein olivenförmiger einer dreimal getheilten kammförmigen Leiste und 3 abwärtsgerichteten concentrischen bogenförmigen Länge der Klinge: 56 Ctmtr.; Breite derselben: 3,2 Ctmtr.; Länge des Griffs: 11,7 Ctmtr.

. XIII. 4 ist der Grifftheil noch einmal besonders dargestellt in ¾ der natürlichen Grösse.)

es Schwert wurde im Jahre 1853 einige Fuss tief in der Erde gefunden und von dem Fabrikanten . Majestät verehrt.

Kat.-No. II. 3587.) Fundort: Santersleben bei Magdeburg.

4,5 Ctmtr. breite zweischneidige, bronzene, geschweifte, schilfblattförmige Schwertklinge von Länge mit flachem Mittelrücken. Die kurze, mit 2 Nietlöchern versehene Heftplatte endigt in einen alen Dorn, so dass die Länge des Griffes auf etwa 10,5 Ctmtr. zu bemessen ist.

: Schwert wurde nebst Feuersteinwerkzeugen in einem Torfmoor gefunden.

Kat.-No. II. 6758.) Fundort: Seedorf bei Genthin, Reg.-Bez. Magdeburg. Geschenk Wasserbau-Inspector Ulrich zu Genthin.

schneidiges Bronzeschwert mit breiter, in der Mitte verbreiterter, am oberen Ende etwas defecter auf welcher mittels mehrerer Niete, wie die vorhandenen 2 in der Griffplatte und 4 in der Heft- lichen Nietlöcher bezeugen, wahrscheinlich Holz- oder Beinplatten befestigt waren. Die Klinge ist chilfblattförmig, mit flachem, rundem Mittelrücken. Länge derselben: 44,5 Ctmtr.; Breite: 3,3 Ctmtr.; Griffs: 9,6 Ctmtr.

es Schwert wurde bei Herstellung des Ihlecanals zwischen Seedorf und Niegripp bei Genthin, Reg.- urg, gefunden.

Kat.-No. II. 6630.) Fundort: Schmon, Kreis Querfurt, Reg.-Bez. Merseburg. (In n.)

schneidiges Bronzeschwert. Die in 2 Stücke gebrochene Klinge mit breitem Mittelrücken und neide endigt wahrscheinlich in einen langen Griffdorn, der aus dem Griff noch 2,5 Ctmtr. hervor- rer, in der Mitte verstärkt und mit 3 Buckeln auf Vorder- und Rückfläche verziert, ist mit vier er Heftplatte und wahrscheinlich einem feinen Stifte in der Mitte des Heftplattenrandes an dem es Dornes befestigt. Länge der Klinge: 30 Ctmtr.; Breite derselben: 3,3 Ctmtr.; Länge des Griffs 2,5 Ctmtr.

Kat.-No. II. 6629.) Fundort: derselbe.

schneidiges Bronzeschwert mit ziemlich schmaler, etwas geschweifter Klinge, welche mit einem dgrat und zu beiden Seiten desselben mit je 3 Blutrinnen versehen ist. Dieselbe endigt in einen , der aus dem mit 2 Spiralen knaufförmig abschliessenden Griff noch 2,5 Ctmtr. hervorragt und defecte Stelle in dem bronzenen hohlgegossenen Griff erkennen lässt, durch einen feinen Stift, im Theile des Griffes, und 2 Niete, in der Einfassung der Heftplatte, mit dem Griffe verbunden. in der Mitte verstärkt und mit einem dreifach gerippten flachen Querwulst und in seinem oberen Theile mit einer einfachen Querleiste verziert. Länge der Klinge: 30,5 Ctmtr.; Breite derselben: Länge des Griffs: 13 Ctmtr.

ie beide Schwerter (Fig. 8 u. 9) sind in der Gegend zwischen Schmon und Vitzenburg am der Sonnenberges gefunden worden. Ueberhaupt ist diese Gegend ein ergiebiges Feld für Nachgrabungen. uf der südlichen Seite erstreckt sich ein Bergrücken, „die Steinklebe" genannt, wo die Reste von noch theilweise sichtbar sind, welche mit dem Namen „Römerschanzen" bezeichnet werden. Auch uf dem jenseitigen Ufer der Unstrut, auf der nördlichen Seite des Memleber Forstes, noch An- n Schanzen. Unzählige Steingräber ziehen sich auf den südlichen Höhen des Wendelsteiner und

Ziegelrodaer Forstes entlang. Die bedeutendsten sind schon untersucht und das Gefundene nach Halle in's Museum gekommen. Diese Gräber ziehen sich bis Hallstedt hin, wo Manches zu Tage gefördert ist."

10. (Kat.-No. II. 6643.) Fundort: Schmon, Kreis Querfurt, Reg.-Bez. Merseburg.

Oberer Theil einer zerbrochenen Schwertklinge mit 2 Nietlöchern und breitem Mittelrücken. Länge: 19,6 Ctmtr.; Breite: 2,6 Ctmtr.

11. (Kat.-No. II. 3737.) Fundort: Finerode bei Genthin, Reg.-Bez. Magdeburg. Geschenk des Drechslermeisters Herrn Jahn in Berlin.

Dolch von Bronze mit rundem Mittelgrat und hohlgegossenem Griff, welcher mit tiefen und breiten Querfurchen verziert ist. Die Ränder der letzteren sind leicht gekerbt. Länge der Klinge: 11,8 Ctmtr.; Breite derselben: 2,6 Ctmtr.; Länge des Griffs: 8,3 Ctmtr.

Dieser Dolch wurde im Jahre 1846 beim Torfstechen unweit Finerode bei Genthin gefunden, wahrscheinlich mit einem ungeöhrten Bronzecelt (Kat.-No. II. 3736.) zusammen.

12. (Kat.-No. II. 1019.) Fundort: Altmark. (Aus der Sammlung des Herrn Professor **Danneil** zu Salzwedel.)

Bronzedolch mit glatter Klinge und Griffdorn. Länge der Klinge: 19,5 Ctmtr.; Breite derselben: 1,9 Ctmtr.; Länge des Griffdorns nebst Heftplatte: 4,5 Ctmtr.

13. (Kat.-No. II. 2323.) Fundort: Unbekannt. (Aus der Sammlung der Mutterloge zu den drei Weltkugeln zu Berlin.)

Bronzene Dolchklinge mit Mittelgrat und Griffdorn. Länge der Klinge: 15,6 Ctmtr.; Breite derselben: 1,9 Ctmtr.; Länge des Griffdorns nebst Heftplatte: 5,9 Ctmtr.

14. (Kat.-No. II. 1015.) Fundort: Unbekannt.

Der Grifftheil eines Taf. I. 8 ähnlichen Bronzeschwertes. Halbkreisförmige Heftplatte und oben verbreiterte Griffzunge; die hochstehenden Ränder derselben sowie der Griffzange deuten auf einen Belag des Griffes, welcher an denselben mit 4 Nieten befestigt war. Die Klinge ist mit einem Mittelgrat und 2 Blutrinnen versehen; die Schneide wurde wahrscheinlich in neuerer Zeit mit einem Hammer stumpfgeschlagen. Länge der Klinge: 15,6 Ctmtr.; Breite derselben: 1,9 Ctmtr.; Länge des Griffs: 9 Ctmtr.

15. Fundort: Schmon.

Bronzene Spirale, wahrscheinlich zu dem Griffe des Schwertes Fig. 8 gehörig.

Tafel III.

28. (Kat.-No. II. 3915–80.) Fundort: Schwachenwalde, Kreis Arnswalde, Provinz urg. Geschenk des Königl. Landrathes Herrn Meyer auf Helpe.

(Kat.-No. II. 3954.) Grosses, in 2 Stücke zerbrochenes Bronzemesser mit aufwärts-gebogener Klinge em, in einen geschlossenen Ring endigendem Griff, welcher mit parallelen quergestellten und zwei Furchen ornamentirt ist. Länge der Klinge: 29 Ctmtr.; des Griffs: 13 Ctmtr.

(Kat.-No. II. 3969.) Sichelförmiges Bronzemesser mit Dorn am Heftende, vorn abgerundet. Länge:

(Kat.-No. II. 3967.) Aehnlich geformtes Bronzemesser von kleineren Dimensionen. Länge: 7 Ctmtr.

(Kat.-No. II. 3971.) Aehnliches Bronzemesser mit aufwärts gebogener Spitze. Länge: 10 Ctmtr.

(Kat.-No. II. 3963.) Aehnliches Messer, kleiner. Länge: 8 Ctmtr.

(Kat.-No. II. 3966.) Aehnliches Messer mit stark aufwärtsgebogener Spitze. Länge: 8 Ctmtr.

(Kat.-No. II. 3955.) Bronzene Schwertklinge mit Mittelgrat und 2 feinen Blutrinnen auf jeder Seite in 3 Stücke zerbrochen; die Bruchflächen sind zum Theil alt; die Spitze fehlt. Die Heftplatte endigt azen Dorn. Länge der Klinge: 25 Ctmtr.; Breite derselben: 3,2 Ctmtr. Länge des Griffs (Heft-Dorn): 4 Ctmtr.

(Kat.-No. II. 3956.) Bronzene Lanzenspitze. Die Spitze fehlt; die Bruchfläche ist alt. Länge der : 10 Ctmtr.; Gesammtlänge: 14 Ctmtr.

(Kat.-No. II. 3957.) Bronzene Lanzenspitze, der vorigen ähnlich, aber kleiner. Länge: 11 Ctmtr.

(Kat.-No. II. 3975.) Bronzecelt mit kleinem Henkel, auf beiden Seiten mit je 2 bogenförmigen einem kleinen Buckel verziert. Länge: 10 Ctmtr.

(Kat.-No. II. 3937.) Bronzebeschlag, in einem Stück gegossen, bestehend in einer der Länge nach Rippe getheilten, langovalen Doppelplatte, deren jede auf der Vorderseite mit 8 kleinen Buckeln, kseite mit je 2 festen bogenförmigen Oehren versehen ist. Länge: 8 Ctmtr. Breite: 2,9 Ctmtr.

(Kat.-No. II. 3936.) Ein anderes Exemplar von der oberen Seite, auf welcher die Buckel sich fgenommen. Die Grösse ist dieselbe.

(Kat.-No. II. 3931.) Gegossener bronzener hohler Buckel von sehr geringer Stärke der Wandung, m Rande und bogenförmigem, festsitzendem Oehr auf der Mitte der hohlen Seite. Durchmesser:

(Kat.-No. II. 3930.) Ein anderer ähnlich geformter, ebenfalls gegossener, hohler Buckel, etwas Fig. 13, von der convexen Fläche dargestellt. Durchmesser: 11 Ctmtr.

Kat.-No. II. 3958.) Gegossener Bronzering mit drei Klapperblechen. Letztere sind massive 5,5 Ctmtr. Länge, welche an dem breiteren Ende eine umgekehrt herzförmige Gestalt haben und an dem schmaleren in einen ringförmigen Bügel endigen, mittels dessen sie mit dem grösseren Ringe verbunden sind. Die eine Seite ist durch eine schmale Längsrippe in 2 Theile getheilt. Der Ring sowohl, wie die Bügel von zweien der drei Klapperbleche sind massiv und geschlossen und ist anzunehmen, dass diese 3 Stücke in derselben Form zusammen gegossen wurden, während das dritte Klapperblech *(a)*, dessen Bügel bei *b* offen ist, später angefügt wurde.

16. (Kat.-No. II. 3951.) Fragment eines dünnen Ringes. Wahrscheinlich gehörte es mit mehreren anderen ähnlichen Fragmenten, sowie einer grösseren Zahl von dünnen flachen, kreisförmig gebogenen, Drähten zu einer Armspirale, welche in der Mitte einige Umläufe aus breiterem Blech hatte, nach beiden Enden hin sich verjüngte und in die erwähnten schmalen glatten Drahtwindungen auslief.

17. (Kat.-No. II. 3925.a.) Fragmente eines 2 Ctmtr. breiten offenen, an den Enden mit Querfurchen verzierten Armringes.

18. (Kat.-No. II. 3922.) Fragment eines 1 Ctmtr. breiten Armringes.

19. (Kat.-No. II. 3945.) Geschlossener flacher scheibenförmiger Ring. Durchmesser: 6 Ctmtr.

20. (Kat.-No. II. 3942.a.) Fragment eines dünnen gewundenen Reifens (Torques) mit öhrartigen Endigungen aus 0,25 Ctmtr. starkem kantigen Bronzedraht.

21. (Kat.-No. II. 3948.) Geschlossener massiver Bronzering von kreisförmigem Querschnitt. Durchmesser: 8 Ctmtr. Stärke des Stabes: 0,8 Ctmtr.

22. (Kat.-No. II. 3946.) Kleiner flacher scheibenförmiger Ring von 3 Ctmtr. Durchmesser.

23. (Kat.-No. II. 3931.) Bronzefibula mit schildförmigen Platten, 12 Ctmtr. lang. Die eine Platte zeigt, nahe der Mitte, Spuren alter Ausbesserung.

24. (Kat.-No. II. 3926.) Aehnliche Fibula mit Fragment des beweglichen Dorns. Auf dem mit einigen Bogen und einer Zickzacklinie verzierten Verbindungsbügel sind zwei roh gearbeitete, mit den Köpfen einander zugewandte, Vogelfiguren angebracht. Länge: 28 Ctmtr.

25. (Kat.-No. II. 3923.) Fragment eines eigenthümlichen Geräthes. In dem breiten flachen Stiele sitzen 2 Niete.

26. (Kat.-No. II. 3918.) Fragmente eines Halsschmuckes. Derselbe bestand aus mehreren halbhohl gegossenen Reifen, welche durch triangulär gestellte Stäbe verbunden waren und auf beiden Enden in einen spiralig aufgewundenen flachen Stab ausliefen.

27. (Kat.-No. II. 3915.) Ein ähnlicher Halsschmuck, aus 7 auf beiden Enden in je einer breiten Platte sich vereinigenden Reifen bestehend. Horizontaler Durchmesser des ganzen Schmuckes: 25 Ctmtr.; des Halsausschnittes: 14 Ctmtr.

28. (Kat.-No. II. 3927.) Längliches dünnes Bronzeblech mit punktirten, nach aussen geöffneten concentrischen Bogenlinien verziert. Die äussersten derselben berühren sich in 4 Punkten und schliessen ein Viereck ein, dessen Mittelpunkt in der Mitte der Platte liegt. Wahrscheinlich gehörte dasselbe mit 2 ebenfalls gefundenen Scheiben aus spiralig aufgerolltem Bronzedraht zu einer grossen Fibula, deren Mittelstück es bildete. Breite: 10 Ctmtr.

Der gesammte Fund, dem die oben beschriebenen und abgebildeten Gegenstände angehören, bestand aus folgenden Stücken:

1. Aus dem Fig. 1 abgebildeten Messer. *(Kat.-No. II. 3954.)*

2. 5 sichelförmigen Messern von der Form der Fig. 2 u. 3 abgebildeten von 7—10 Ctmtr. Länge. *(Kat.-No. II. 3967—3970 u. 3973.)*

3. Einem Sichelfragment von 14 Ctmtr. Länge. *(Kat.-No. II. 3972.)* Die Bruchfläche hat ein glänzend frisches Ansehen.

4. 6 Messern von der Form der Fig. 4—6 abgebildeten, von 7—10 Ctmtr. Länge. *(Kat.-No. II. 3962 bis 3966 u. 3971.)*

5. Dem Schwerte Fig. 7. *(Kat.-No. II. 3955.)*

6. 2 Lanzenspitzen, Fig. 8 u. 9. *(Kat.-No. II. 3956 u. 3957.)*

7. 9 ganz erhaltenen geöhrten Celten von 8—11 Ctmtr. Länge. Acht derselben sind in derselben Weise wie das Fig. 10 abgebildete Exemplar ornamentirt und unter ihnen scheinen vier, 9 Ctmtr. lange, in derselben Form gegossen zu sein. Ein Exemplar ist ohne Verzierung. Mehrere scheinen mit Hammerschlägen bearbeitet zu sein. *(Kat.-No. II. 3974—3982.)*

8. 3 Fragmenten (oberen Randstücken) von ähnlichen Celten wie Fig. 10. Die Bruchflächen sind alt. *(Kat.-No. II. 3983—3985.)*

9. 4 Beschlagplatten wie Fig. 11 u. 12. *(Kat.-No. II. 3935—3938.)*

10. 4 kleineren buckelförmigen Beschlägen von 9 Ctmtr. Durchmesser, zum Theil mit Nachbesserungen von Gussfehlern. S. Fig. 13. *(Kat.-No. II. 3931—3934.)*

11. 2 grösseren ähnlich geformten Beschlägen von 11 Ctmtr. Durchmesser. S. Fig. 14. *(Kat.-No. II. 3929 u. 3930.)*

12. 4 Hängegeräthen mit Klapperblechen. S. Fig. 15. Einige der Klapperbleche sind defect, die Bruchflächen sind aber alt. *(Kat.-No. II. 3958—3961.)*

13. Zahlreichen Fragmenten von einer oder 2 cylindrischen Armspiralen. Fig. 16. *(Kat.-No. II. 3954.)*

14. Fragmenten eines 2 Ctmtr. breiten Armringes mit alten Bruchflächen *(Kat.-No. II. 3925.a.)* Fig. 17, und eines andern solchen mit frischen Bruchflächen. *(Kat.-No. II. 3925.b.)*

15. Fragmenten eines ähnlichen, aber 3,5 Ctmtr. breiten Ringes mit alten Bruchflächen. *(Kat.-No. II. 3924.)*

16. Einem aufgebogenen und frischzerbrochenen 1 Ctmtr. breiten Armringe *(Kat.-No. II. 3922)* und Fragmenten eines zweiten ähnlichen Exemplars mit alten Bruchflächen. *(Kat.-No. II. 3952.b.)*

17. Einem scheibenförmigen flachen Ringe Fig. 19. *(Kat.-No. II. 3945.)*

18. Einem Fragment (Fig. 20) und einem vollständigen, aber frischzerbrochenen 0,25 Ctmtr. starken Torques mit öhrartigen Endigungen. *(Kat.-No. II. 3942.a und b.)*

19. Einem vollständigen ähnlichen, 0,5 Ctmtr. starken Ringe, schon vor Alters durch Herumlegung einer dünnen Bronzeschicht ausgebessert, neuerdings aber an derselben Stelle durchgebrochen. Durchmesser: 22,5 Ctmtr. *(Kat.-No. II. 3941.)*

20. Einem grösseren Fragmente eines aus rundem 0,3 Ctmtr. starkem Draht gebogenen Ringes, in ähnlicher Weise wie der vorige vor Alters ausgebessert, mit frischen Bruchflächen. *(Kat.-No. II. 3953.)*

21. Mehreren Fragmenten mit alten und frischen Bruchflächen von ähnlichen Ringen, wie der vorige. *(Kat.-No. II. 3952.a.)*

22. 2 massiven geschlossenen Ringen, der eine von kreisförmigem, der andere von ovalem Querschnitt. Durchmesser: 8 Ctmtr. S. Fig. 21. *(Kat.-No. II. 3943 u. 3944.)*

23. Fünf kleinen flachen scheibenförmigen Ringen von 3 Ctmtr. Durchmesser. S. Fig. 22. *(Kat.-No. II. 3946—50.)*

24. 3 Fibeln nahezu gleicher Grösse von der Form wie Fig. 23 *(Kat.-No. II. 3921)*, 12 Ctmtr. und etwas darüber in der Länge messend, zum Theil mit beweglichen Dornen, welche in 2 Spiralen auslaufen, sämmtlich zerbrochen, 2 davon mit Spuren alter Ausbesserung. Die Bruchflächen sind grösstentheils alt. *(Kat.-No. II. 3920, 3921 u. 3928.)*

25. Einer Fibula ähnlicher Form, wie die vorigen, aber bedeutend grösser, zerbrochen und an verschiedenen Stellen defect, mit Vogelfiguren auf dem Verbindungsbügel und einem Fragment des beweglichen Dorns. S. Fig. 24. *(Kat.-No. II. 3926.)*

26. Einem Fragment von einem kleinen Bronzegeräth unbekannten Gebrauches. S. Fig. 25. *(Kat.-No. II. 3923.)*

27. Einem zerbrochenen, leider defekten, reich verzierten Halsschmuck. S. Fig. 26. *(Kat.-No. II. 3918.)*

28. Einem grösseren, ähnlich gestalteten, aber weniger reichen Halsschmuck. (Fig. 27) und einem kleineren derselben Form. *(Kat.-No. II. 3915 u. 3916.)*

29. Einem Fragment eines Fig. 27 ähnlichen Schmuckes. *(Kat.-No. II. 3919.)*

30. Einer länglichen verzierten Blechplatte. Fig. 28 *(Kat.-No. II. 3927)*, welche wahrscheinlich mit 2 grossen Spiralplatten *(Kat.-No. II. 3939 u. 3940)* eine Fibula bildete.

31. Einigen Fragmenten, ähnlich den Querstäben des Halsschmuckes, aber schmäler. *(Kat.-No. II. 3917.a.)*

32. Einer 23 Ctmtr. langen, 0.3 Ctmtr. starken runden Nadel mit kleinem Knopf. *(Kat.-No. II. 3917.b.)*

33. 2 ganz erhaltenen kleinen Gusskuchen von ovaler, fast kreisrunder Form, mit Durchmessern von 3 und 4 Ctmtr., etwa 1 Ctmtr. dick. *(Kat.-No. II. 3987 u. 3988)* und einem schon vor Alters getheilten halben. *(Kat.-No. II. 3989.)*

34. Einem rohen Bronzestück, ähnlich den eben erwähnten kleinen Gusskuchen, mit daransitzendem Stabe, ähnlich den unter 31. *(Kat.-No. II. 3917.a.)* beschriebenen; wahrscheinlich ein etwas starker Gusszapfen zu einem Geräth oder Schmuck, zu dem die genannten Stäbe gehörten. *(Kat.-No. II. 3986.)*

Sämmtliche Gegenstände sind aus Bronze, jedoch scheint dieselbe, der Farbe nach zu urtheilen, nicht in allen von gleicher Composition zu sein. Während die grösste Zahl der Fundstücke ein röthliches, kupferiges Ansehen hat, zeichnen sich einige durch eine mehr goldige Färbung aus, wie: das grosse Messer (Fig. 1), die Platte (Fig. 28) mit den dazugehörigen Spiralplatten, der grosse unter Nummer 19 beschriebene Halsring, der reiche Halsschmuck (Fig. 26), die grosse Fibula (Fig. 24) und zwei der kleineren unter Nummer 24 erwähnten Fibeln (Kat.-No. II. 3920 u. 3921). S. Fig. 23.

Ueber die Auffindung giebt die nachstehende amtliche Verhandlung das Nähere an:

„Verhandelt Arnswalde, den 19. December 1857.

Es erscheint der Halbbauer Friedrich Krüger aus Schwachenwalde und erklärt auf Befragen:

Die kupfernen Geräthschaften und Waffen, welche ich vor Kurzem hier auf dem Landrathsamte abgeliefert habe, sind von mir auf meinem Felde bei Schwachenwalde in einem Wasserloche gefunden worden. Dieses Wasserloch hat etwa eine Fläche von 20 Quadratruthen, war in Folge des diesjährigen dürren Sommers ganz trocken geworden und fuhr ich deshalb den dort befindlichen Moder aus. Gleich unter der Oberfläche des Moders und etwa 3 Fuss unter dem Wasserspiegel, welchen das Loch in der Regel zu haben pflegt, fand ich die kupfernen Geräthschaften etc. Sie lagen sämmtlich dicht bei einander. Anscheinend waren sie in einem Kasten von Kupferblech zusammengepackt, wenigstens fanden sich einige grössere Blechstücke dabei vor, die ich aber nicht abgeliefert habe; sie waren ganz durchlöchert und vom Rost zerfressen und habe ich sie deshalb fortgeworfen. Weiter kann ich über den Fund nichts angeben.

v. g. u.

gez. Krüger.

a. u. s.

gez. Meyer,
Landrath."

Tafel IV.

1. (Kat.-No. II. 2659.) Fundort: Brickeln bei Meldorf, Dithmarschen, Holstein. (Aus der Sammlung des verstorbenen Kirchspielvogts J. B. Messner zu Burg in Süder-Dithmarschen.)

Schön patinirte zweischneidige Dolch- oder Lanzenspitze mit scharfem Mittelgrat und 2 Nieten in der kurzen Heftplatte. Länge der Klinge: 23 Ctmtr.; Breite derselben: 3,5 Ctmtr.; Stärke der Niete: 0,3 Ctmtr.

Gefunden in einem Hügel zwischen Brickeln und Buchholz, „ohne Begleitung anderer Waffen."

2. (Kat.-No. II. 2661.) Fundort: Egstede, Dithmarschen, Holstein. (Aus der Messner'schen Sammlung.)

Bronzene zweischneidige Dolchklinge mit abgerundetem, starkem Mittelgrat und Spuren von 2 Nietlöchern, am Griffende defect. Länge der Klinge: 23 Ctmtr.; Breite derselben: 4 Ctmtr.

Gefunden in einem Hügel in der Nähe von Egstede.

3. (Kat.-No. II. 2660.) Fundort: Egstede. (Aus der Messner'schen Sammlung.)

Bronzene Dolchklinge, ähnlich der vorigen, mit ebenfalls defecter, aber längerer Griffplatte, in deren unterer Partie 2 vierkantige Niete und an dem oberen Rande des Bruches die Spuren eines dritten Nietloches erkennbar sind. Der Griff endigte in einen hohlen Bronzeknauf mit flacher ovaler Platte und ovaler knopfförmiger Hervorragung in der Mitte derselben. Die untere Fläche des Knaufes ist mit horizontalen, doppelt contourirten, quergeschrafften, in Abständen von 0,5 Ctmtr. umlaufenden Bändern verziert, die obere mit mehreren parallelen Linien am Rande eingefasst und mit einem Kranze von 8 ineinanderlaufenden Spirallinien ornamentirt. Den auf seiner Oberfläche leicht quergerippten Mittelknopf umgiebt eine Zone von radiärgestellten kurzen geraden Linien, welche gegen den Spiralenkranz hin durch einige Doppellinien abgegrenzt sind. Ein ähnlicher Knauf ist abgebildet Taf. IX, 23.

Länge der Klinge: 22 Ctmtr.; Breite derselben: 4 Ctmtr. Länge der Griffplatte: 4,5 Ctmtr. Durchmesser des Griffknaufes: 4,0 und 4 Ctmtr.; des Knopfes: 1,2 und 0,8 Ctmtr. Stärke der Niete: 0,3 Ctmtr.

In einem Hügel in der Nähe von Egstede gefunden.

4. (Kat.-No. II. 2696.) Fundort: Egstede. (Aus der Messner'schen Sammlung.)

Schön patinirter kurzer Bronzedolch mit elegant geschweifter zweischneidiger Klinge, deren Spitze etwas defect ist. Der obere Theil der Klinge läuft in einen ebenfalls an der Spitze lädirten, sechskantigen, sich nach oben verjüngenden Griffdorn aus. Sie ist ferner mit einem breiten Mittelgrat versehen, dessen Rand jederseits mit 3 feinen Blutrinnen eingefasst ist. Die Heftplatte ist von dem starken halbkreisförmigen, unteren, in Bronze gegossenen Ende des Griffes umgrenzt und durch 3 Niete, welche durch die mit ringförmigen, hochstehenden Kanten versehenen Nietlöcher gezogen sind, mit ihm verbunden. Der Griff war, nach der oberen ringförmigen Oeffnung seiner unteren Einfassung zu urtheilen, wahrscheinlich oval cylindrisch und, wie einige an der Bronze haftende verkohlte Reste bezeugen, aus einer organischen Substanz (Holz oder Hirschgeweih?) verfertigt. Den oberen

Abschluss des Griffes bildete ein oben platter, rautenförmiger Knauf mit abgerundeten Ecken und einem ähnlich geformten, etwa 2 Millimeter hohen, kleinen, oben etwas rundlichen Knopf in der Mitte der oberen Fläche. Eine schmale, mit dem Rande in einer Entfernung von 2 Millimetern parallel verlaufende Leiste umrahmt eine aus 8 ringförmigen, auf der oberen Fläche mit feinen Spirallinien verzierten Leisten gebildete Raute, welche den am Rande radiärschraffirten Mittelknopf umgeben. Der untere Rand des Knaufes fehlt. Eine Reihe nach abwärts gerichteter, stumpfabgerundeter, sonst rechteckiger Zacken, 14 an der Zahl, bildet den Abschluss dicht über der Bruchlinie. Im Innern des Knaufes bemerkt man in der Mitte der geräumigen Aushöhlung desselben die senkrechtstehende Spitze des Griffdornendes und vier von der Mitte der 4 Längsseiten aus nach oben hin in schräger, convergirender Richtung verlaufende, schmale Vorsprünge, welche in die untere Fläche der Knaufplatte übergehen. Zwischen dem Ende des an der Klinge befindlichen Griffdornrestes und jenem im Knaufe erhaltenen fehlt, nach dem Grade der Verjüngung zu urtheilen, ein nicht unbeträchtliches Stück.

Länge der Klinge: 15,2 Ctmtr.; Breite derselben in der Mitte: 2,7 Ctmtr.; an der Heftplatte: 4 Ctmtr.; Höhe der Heftplatte: 3 Ctmtr.; Durchmesser des Nietloches: 0,5 Ctmtr.; Durchmesser des Nietkopfes: 0,7 Ctmtr.; Länge des an der Klinge befindlichen Griffdornrestes: 4,2 Ctmtr., jenes im Knaufe steckenden: 0,7 Ctmtr.; Höhe des Knaufes: 1,4 Ctmtr.; Durchmesser des unteren Randes in der Diagonale gemessen: 2,1 und 2,3 Ctmtr.; Durchmesser der Knaufplatte in derselben Weise gemessen: 2,9 und 3,3 Ctmtr.; Länge einer Seite: 2,7 Ctmtr.

5. (Kat.-No. II. 2689.) **Fundort: Buchholz, Dithmarschen, Holstein.** (Aus der Messner'schen Sammlung.)

Fragment einer zweischneidigen bronzenen Schwertklinge mit Mittelgrat und 4 feinen Blutrinnen an jeder Seite derselben. Länge: 14 Ctmtr.; Breite: 3,5 Ctmtr.

In einem Hügel bei Buchholz, Dithmarschen, gefunden.

6. (Kat.-No. II. 2688.) **Fundort: Buchholz, Dithmarschen, Holstein.** (Aus der Messner'schen Sammlung.)

Fragment einer bronzenen zweischneidigen Schwertklinge mit rundem Mittelgrat. Länge: 7 Ctmtr.; Breite: 2,5 Ctmtr.

In einem Hügel bei Buchholz gefunden.

7. (Kat.-No. II. 2676.) **Fundort: Brickeln, Dithmarschen, Holstein.** (Aus der Messner'schen Sammlung.)

Zweischneidige schmale Klinge eines bronzenen Dolches mit rundem Mittelgrat und starker Spitze, am oberen Ende defect. Länge: 19 Ctmtr.; Breite: 2,25 Ctmtr.; Länge der Heftplatte: 2 Ctmtr.

In einem Grabhügel bei Brickeln gefunden.

8. (Kat.-No. II. 2661.) **Fundort: Dithmarschen, Holstein, wahrscheinlich bei Brickeln.** (Aus der Messner'schen Sammlung.)

Fragment einer zweischneidigen bronzenen Schwert- oder Dolchklinge mit stumpfkantiger Rückenscheide. Länge: 11,5 Ctmtr.; Breite: 3 Ctmtr.

„Gefunden in Begleitung einer Framea (Paalstab) und einer Nadel."

9. (Kat.-No. II. 2854.) **Fundort: Dithmarschen, Holstein.** (Aus der Messner'schen Sammlung.)

Eine zweischneidige bronzene Pfeilspitze (?) mit schmalem Mittelgrat, welcher sich in einem langen schmalen Stiel fortsetzt. Der Mittelgrat ist mit nach aussen offenen concentrischen Halbkreisen, der Stiel mit Parallellinien, in Zickzackmanier verziert. Länge des Klingentheils: 9 Ctmtr.; Breite desselben: 1,5 Ctmtr.; Länge des Stiels: 9 Ctmtr.; Breite desselben: 0,4 Ctmtr.; Stärke desselben: 0,3 Ctmtr.

Herr Messner hat in seinem handschriftlichen Kataloge nach Aufzählung der in seiner Sammlung enthaltenen Bronze-Schwerter und Dolche folgende Bemerkungen hinzugefügt (Pag. 21 des Manuscripts):

„Ein Degen wird hierselbst (Dithmarschen) in den Hügeln allein, auch neben Asche und Knochen, welche verbrannt sind, auch mit oder neben Urnen gefunden. Was die Anlagen betrifft, so wird derselbe am öftesten allein gefunden, oder mit einer Framea (Paalstab) oder Pfeilspitze, oder mit Beilen, oder mit einem goldenen Armring, oder mit kleinen spiralförmig gewundenen goldenen Ringen. Auch liegt oft ein sogenannter Hemdsknopf und andere kleine Stücke von Metall, als Hütchen (Tutulus), Nadel, Messer, Zange oder Bernstein-Perle an. Ich habe einen Degen in den Grabhügeln bald in blosser Erde, bald neben oder unter Steinen, bald in Steinkisten oder Riesenbetten und Steinbetten gefunden, aber nur zwei unzerbrochene. Dass einer beim Einlegen schon zerbrochen gewesen sein musste, ging augenscheinlich aus der Lage der Stücke hervor, indem das Griffende neben der Spitze lag und doch am Hinterende des Degens genau passte. Eine Scheide umgiebt zuweilen noch den Degen oder die Lanze und man glaubt oft noch Holz und Leder daran erkennen zu können, sowie auch das Holz oder Knochen am Griff, wenn dieser nicht, wie zuweilen, massiv von Metall ist."

Ferner (Pag. 39 des Manuscripts):

„Die grössten Grabhügel hierselbst halten circa 20 Fuss Höhe und 24 Ruthen am Fusse im äussern untersten Umkreise. Die kleinsten sind etwa 2 Fuss hoch und 16—20 Fuss im Umfange. Der Standort der Urne ist verschieden. In der Regel ist derselbe und fast immer bei den kleineren Hügeln der Mittelpunkt. Zuweilen findet man eine, auch zwei und mehrere in verschiedenen Höhen und Tiefen eines und desselben Hügels. Doch habe ich an der Nord- und Westseite eines Hügels nie Urnen gefunden. Oft sind die Hügel am Fusse, wenn sie dessen nicht schon beraubt sind, mit einem Steinkreise umgeben. Eine Urne ist in der Regel mit Feldsteinen oder glatten Granitstücken geschützt und gleichsam eingemauert, zuweilen steht solche auch in blosser Erde."

„In den Grabhügeln, Steinbetten, Riesenbetten oder Felsengräbern, worin ich Steinmesser, Beile oder Streithämmer gefunden, habe ich auch wohl Gefässe mit Sand gefüllt, auch Bernstein-Perlen, Degen von Metall, sowie Asche und Knochenstücke von unverbrannten Menschen, aber nie eine Urne mit Asche und Knochen gefüllt gefunden. Vielleicht könnte man nicht ganz ohne Grund schliessen, dass diese Gräber als Alterthum dem Zeitalter, wo das Leichenfeuer brannte, vorzusetzen sind, mithin vor Ankunft Odin's. —"

10. (Kat.-No. II. 1022.) Fundort: Unbekannt.

Zweischneidige dolchähnliche blattförmige Lanzenspitze mit stumpfkantigem Mittelrücken und einem Nietloch in der abgebrochenen zungenförmigen Heftplatte. Sehr schön patinirt. Die Spitze ist etwas umgebogen. Länge der Klinge: 15 Ctmtr.; Breite derselben: 3 Ctmtr.; Länge des Heftblattes: 3 Ctmtr.

11. (Kat.-No. II. 1017.) Fundort: Clarenthal bei Wiesbaden. (Aus der v. Minutoli'schen Sammlung.)

Kurzer schmaler zweischneidiger, an der Spitze defecter Bronzedolch, mit stumpfkantiger Rückenschneide und sehr breiter Heftplatte, in welcher 4 Nietöffnungen. Die in denselben noch befindlichen 3 Niete sind auf jedem Ende mit einem flachen ringförmigen, oben kugelig abgerundeten Kopfe nach Art einer aufgeschraubten Schraubenmutter versehen. Länge der Klinge: 11 Ctmtr.; Breite derselben: 2 Ctmtr.; Länge der Heftplatte: 3,5 Ctmtr.; Breite derselben: 4,8 Ctmtr. Stärke der Niete: 0,4 Ctmtr.; ganze Länge derselben: 1,6 Ctmtr.; Länge derselben zwischen den Nieten: 0,9—1 Ctmtr.; Durchmesser der Nietköpfe: 1,5 Ctmtr.

Im Jahre 1798 bei Wiesbaden gefunden. Herr v. Ledebur theilt darüber in dem gedruckten Katalog v. J. 1838 Seite 183 u. f. Nachstehendes mit:

„Unfern des Klosters Clarenthal, 1 Meile von Wiesbaden, findet man in grosser Anzahl sogenannte Hünengräber, von denen im Sommer 1798 der Herr Generallieutenant von Minutoli in Gesellschaft mit Herrn Dr. Häberlin aus Frankfurt, sieben an der Zahl öffnen liess. In einem derselben fand sich der untere Theil eines zerbrochenen Schwertes von Bronze, dessen Heftplatte mit 4 zweiköpfigen Nietnägeln versehen ist. (Kat.-No. II. 1017, abgebildet in v. Minutoli: Abhandlungen vermischten Inhalts, 1816, Taf. IX, 1.) Ein runder, auf einer Seite glatt geriebener Feldstein von Quarz (Kat.-No. II. 99) lag in einer Urne; auch eine 2¾" hohe und ebenso weite gehenkelte Urne (Kat.-No. I. 1236) mit etwas ausgekehltem Halse rührt hieher; bemerkenswerth, weil sich daran mehrere antiquarische Untersuchungen geknüpft haben." Und S. 184, Anmerkung: „Ueber diese Ausgrabungen ward zuerst berichtet im September-Stück des Berlinischen Archives von 1799 (wieder abgedruckt in v. Minutoli: Abhandlungen 1816. S. 97—110; vergl. Ritter's Denkwürdigkeiten der Stadt Wiesbaden S. 104.) Diese Mittheilungen fanden Entgegnung durch den Ingenieur-Hauptmann Hofmann zu Neuwied (Reichs-Anzeiger von 1812), der die Gräber für Römische hält, dann wieder von Herrn v. Minutoli (ebendas. No. 108 und wieder abgedruckt in dessen Abhandlungen S. 234—248), der die Gräber für Germanische, die Metallgeräthe dagegen für Römische erklärt. Auf Grund späterhin (1817) daselbst vorgenommener Ausgrabungen handelt von diesen Gräbern Dorow: Opferstätten und Grabhügel der Germanen und Römer am Rhein. Erstes Heft. Wiesbaden 1819. S. 12 u. ff. und zweites Heft. 1821. S. 87 u. ff."

12. (Kat.-No. II. 2386.) Fundort: Unbekannt. (Aus der Sammlung der Mutterloge zu den drei Weltkugeln zu Berlin.)

Kleines urnenförmiges Bronzegefäss mit unten weit ausladendem Bauch und breitem Boden. An dem sich ziemlich stark verjüngenden Halse sind nahe unterhalb des Randes 2 senkrechte öhrförmige Henkel angebracht. Das Gefäss ist gegossen; die am oberen Rande 0,15 Ctmtr., in den übrigen Theilen aber nur 0,5 Millimeter starken Wandungen, sowie die Henkel, haben eine ziemlich rauhe Oberfläche und sind gänzlich ohne Verzierungen. Höhe: 4 Ctmtr. Durchmesser der oberen Mündung: 2,5 Ctmtr.; Durchmesser des Bauchtheiles: 5 Ctmtr.

Ueber den Fundort ist Nichts bekannt.

In der Sammlung des Königlichen Museums befinden sich noch zwei ähnliche Gefässe (Kat.-No. II. 1403 u. 5375). Ersteres ist 5,5 Ctmtr. hoch, hat in der oberen Mündung einen Durchmesser von 2,7 und im Bauchtheile von 5,2 Ctmtr. Es stammt aus der Mark Brandenburg. Das zweite hat eine Höhe von 5,5 Ctmtr., in der oberen Mündung einen Durchmesser von 3 und im Bauchtheile einen solchen von 4,5 Ctmtr. Es ist auf dem Boden mit einem schwach eingeritzten, über die ganze Bodenfläche verlaufenden Kreuz gezeichnet und wurde in Berlin beim Bau der neuen Börse im Jahre 1862 gefunden.*) Ein viertes Gefäss dieser Art befindet sich in der von den Landständen der Provinz Sachsen angekauften Sammlung des verstorbenen Sanitätsraths Dr. Schultheiss zu Wolmirstedt, angeblich in einer grösseren Urne bei Rogätz im Magdeburgischen gefunden. Es soll mit kleinen Knöchelchen, „wie von einem Vogel", gefüllt gewesen sein.**)

Der Form und Technik nach zu urtheilen, dürften diese Gefässe wohl einheimische Producte sein und wie das grosse Bronzegefäss (Kat.-No. II. 324, abgebildet in v. Ledebur: Das Königl. Museum vaterländischer Alterthümer 1838. Taf. IV), das zusammen mit einigen Goldschmucksachen merovingischen Styls (Kat.-No. II. 315 u. 319, ebendaselbst zum Theil abgebildet) bei Höckericht in Schlesien gefunden wurde, der Merovingerzeit angehören.***)

13—16. (Kat.-No. I. 1332 und II. 1923—1925.) Fundort: Potsdam. Geschenk des ehemaligen Directors der Gewerbeschule Herrn Professor Klöden zu Berlin.

13. (Kat.-No. I. 1332.) „Eine 3¼" (8,5 Ctmtr.) lange, ovale Kinderklapper aus Thon, an den Enden mit parallelen Querfurchen umzogen, in der Mitte mit einer kleinen Oeffnung versehen und der Länge nach gefurcht."

14. (Kat.-No. II. 1924.) „2" (5,2 Ctmtr.) langes Fragment einer bronzenen Degenklinge, (?) in welche

*) Bei dieser Gelegenheit wurden ausserdem folgende, den verschiedensten Zeitperioden angehörige Gegenstände zu Tage gefördert: Ein durchbohrter Hammer von Urgestein (Kat.-No. II. 5474), ein kleiner Kamm von Messing, eine eiserne Schere von der Form der heutigen Schafscheeren, eine eiserne Lanzenspitze, Bruchstücke eines eisernen Radsporns und ein eiserner Schlüssel (Kat.-No. II. 5474—5580).

**) S. H. W. Schultheiss: Kurze Uebersicht und Nachricht der in der Wolmirstedter Gegend gefundenen Alterthümer. Wolmirstedt, Buchhandlung u. Buchdruckerei (J. Schmidt). 1875. Taf. VIII, 24.

***) Ein dem bei Höckericht gefundenen sehr ähnliches Gefäss wird im Ungarischen National-Museum zu Buda-Pest aufbewahrt. Abgebildet in dem Illustrirten Führer in der Münz- und Alterthums-Abtheilung des Ungar. National-Museums. Buda-Pest 1874. Fig. 108.

auf einer Seite, in einer den Niello-Arbeiten ähnlichen Weise zierliche Arabesken künstlich eingegraben und mit einer schwarzen Masse ausgelegt sind."

15. (Kat.-No. II. 1925.) „Ein höchst zierlich gearbeiteter, hohlgegossener Messergriff von Bronze, dessen mittlerer Theil ein reich verziertes achteckiges Prisma bildet, an dem einen Ende, woran noch Spuren der durch Oxydation zerstörten eisernen Messerklinge sichtbar sind, flach gehämmert, an dem anderen Ende in einen vortrefflich gearbeiteten Widderkopf auslaufend."

16. (Kat.-No. II. 1923.) „2½" (6 Ctmtr.) langes Stück Bronze, welches einige Aehnlichkeit mit der Gestalt eines Vogels hat, dem Füsse und Schnabel fehlen und dessen Flügel dicht am Leibe anliegen."

Ferner wurde ebendaselbst ein Bruchstück einer bronzenen Spange (Kat.-No. II. 1922) gefunden. Von den 2 runden Scheiben derselben, die mittelst eines Bügels untereinander verbunden waren, ist nur eine erhalten, welche mit einem hohen gerippten Rande umgeben ist; an dem Bügel bewegt sich eine Nadel. Ein ähnliches Stück ist abgebildet Tafel XI. Fig. 8., nur ist die Nadel bei erstgenanntem Stück ein einfacher Dorn, dessen breiteres glattes Ende um den einen Bügelarm spiralig aufgerollt ist. Der Bügel selbst zeigt alte Reparaturen. Die muthmassliche Länge der Fibula betrug etwa 5" (13 Ctmtr.). Schliesslich werden noch 2 eiserne Schlüssel (Kat.-No. II. 1926 und 1927) von 6½ und 3 Zoll (17 und 8 Ctmtr.) Länge, als von dieser Localität stammend aufgeführt. Dieselben zeigen aber schon späte mittelalterliche Formen.

Sämmtliche Gegenstände wurden angeblich in Urnen bei Gelegenheit des Baues der Chaussee von Potsdam nach Baumgartenbrück in der Nähe des Neuen Palais gefunden. Hinsichtlich der für eine Schwertklinge von Herrn v. Ledebur angesprochenen niellirten Bronzeplatte bemerkt derselbe in seinem gedruckten Katalog S. 90. Anm. Folgendes: „Es ist das Vorkommen solcher Niello's in den Gräbern dieser Gegenden nicht ohne andere Beispiele. So ward im Jahre 1803 bei Güstrow im Mecklenburgischen ein metallener Deckel mit hübsch eingegrabenen und dann mit einer schwarzen Pechmasse ausgefüllten Verzierungen gefunden und gelangte in die Alterthümersammlung zu Dresden (Neues Lausitzer Magazin III. 14); ferner fand man bei Klinkow in der Uckermark in einer Urne einen schönen Dolch mit Blumenwerk ausgelegt. (Bekmann: Beschreibung der Mark Brandenburg, Berlin 1751. Taf. XI, No. V.)"

17. (Kat.-No. II. 6752.) Fundort: Güstebiese bei Königsberg in der Neumark, Provinz Brandenburg.

Eine sehr wohlerhaltene zweischneidige bronzene Dolchklinge, leicht geschweift mit 4 grossen Nietlöchern am Rande der zungenförmigen breiten Heftplatte, mit flachem schmalem Mittelrücken und 4 feinen Blutrinnen zu jeder Seite desselben. Länge derselben: 25,5 Ctmtr.; Breite: 3 Ctmtr.; Länge der Heftplatte: 2,5 Ctmtr.; Breite derselben: 4 Ctmtr.

Gefunden bei Güstebiese im Kreise Königsberg in der Neumark, Prov. Brandenburg, wahrscheinlich im Moor.

18. (Kat.-No. II. 3377.) Fundort: Pankow in der Ostpriegnitz, Provinz Brandenburg. Geschenk des Freiherrn von Puttlitz.

Schmale zweischneidige Klinge eines bronzenen Dolches mit einfacher abgerundeter Rückenschneide und kurzem, verhältnissmässig starkem, vierkantigem Griffdorn, an dem eine dunkelbraune pechartige Masse haftet. Länge der Klinge: 25 Ctmtr.; Breite derselben 2 Ctmtr.; Länge der Heftplatte mit Dorn: 3 Ctmtr.

19. (Kat.-No. II. 3376.) Fundort: Pankow in der Ostpriegnitz, Provinz Brandenburg. Geschenk des Freiherrn von Puttlitz.

Schmale zweischneidige, nach dem Griffende hin sich allmälig verbreiternde Klinge eines bronzenen Dolches mit einfacher runder Rückenschneide und schlankem abgerundetem Griffdorn, welcher in eine quergestellte meisselförmige Schneide endigt. Die Patina ist grösstentheils durch Schleifen entfernt. Länge der Klinge: 24,5 Ctmtr.; Breite derselben: 3,3 Ctmtr.; Länge des Griffdornes: 5 Ctmtr.

20. (Kat.-No. II. 5652.) Fundort: Dalmsdorf, Kreis Zauche, Provinz Brandenburg.

Zweischneidiger, in einem Stück gegossener Bronzedolch mit leicht geschweifter Klinge und massivem, in eine ovale Platte endigendem Griff von ovalem Querschnitt. Neben dem breiten abgerundeten Mittelgrat der Klinge verlaufen zu jeder Seite 2 feine Blutrinnen. Der untere Theil des Griffes ist halbkreisförmig gestaltet, unten mehrfach bogig ausgeschnitten, und zwar so, dass neben einem mittleren, nahezu kreisförmigen Ausschnitte zwei bogenförmige angebracht sind, welche nach aussen mit der Peripherie der Griffplatte und nach innen mit der Peripherie des mittleren kreisförmigen Ausschnittes convergiren. Dadurch werden vier spitz zulaufende schnabelförmige Fortsätze gebildet, von denen die beiden inneren den unteren Theil des kreisförmigen Ausschnittes umfassen und nur eine kleine Lücke in der Peripherie desselben zwischen sich lassen, die beiden äusseren die Endigung der halbkreisförmigen Einfassung darstellen. Die Contouren des unteren Grifftheiles werden durch eine mit ihnen parallellaufende Doppellinie noch besonders hervorgehoben; die Seitenränder sind mit einer aus einer einfachen und einer punktirten Linie zusammengesetzten Doppellinie verziert. Eine schwach erkennbare punktirte Querlinie scheidet den untern Abschnitt von dem eigentlichen Grifftheil, der an seinem oberen und unteren Ende mit je 5 quergestellten ringsumlaufenden schmalen Parallelfurchen ornamentirt ist, zwischen denen der Länge nach 4 aus je 5 vertieften Spirallinien zusammengesetzte, durch 4 Zickzackbänder von einander getrennte Wellenornamente verlaufen. Die obere Fläche der ovalen Knaufplatte hat in der Mitte eine rautenförmige Erhöhung, welche mit mehreren parallelen Zickzackbändern und einer aus, wie es scheint, 12 Spiralen gebildeten Wellenlinie eingefasst ist. Nahe dem Rande und parallel mit demselben verläuft eine einfache Linie, welche als Einfassung des Ornamentes dient. Die linearen und bandartigen Verzierungen sind sämmtlich nur schwach sichtbar, da die Oberfläche des Dolches nicht patinirt ist, sondern rauh und corrodirt erscheint. Länge der Klinge: 18 Ctmtr.; Breite derselben: 3 Ctmtr.; Länge des Griffes: 9,5 Ctmtr.; Durchmesser der Knaufplatte: 3,8 und 3,3 Ctmtr.

Der eben beschriebene Dolch wurde im Jahre 1860 beim Torfgraben auf dem zum Dorfe Dahnsdorf gehörigen, 1 Meile von Brandenburg an der Havel und 1½ Meile vom Kloster Lehnin, unmittelbar am Rietzer See gelegenen Wiesen, genannt „der Birkenhügel“, 5—6 Fuss tief, gefunden.

21. (Kat.-No. II. 4298.) Fundort: Stechow bei Rathenow, Provinz Brandenburg. S. a. Taf. XIII. 5.

Ein in zwei Stücke zerbrochenes zweischneidiges Schwert mit grader Klinge und bronzenem massivem, an der stark verbreiterten Heftplatte mit 2 Nieten befestigten, dieselbe halbkreisförmig umschliessenden Griffe, dessen mittlerer Theil eine nach oben und unten sich etwas verjüngende achtkantige Säule bildet und dessen oberer Theil von einer ovalen Knaufplatte mit centraler dornartiger, ziemlich breiter und hoher Hervorragung abgeschlossen wird. Einige feine quergestellte Parallellinien unterhalb der Niete schliessen die untern etwas geschweiften und innen in 2 schnabelförmige Spitzen ausgezogenen Ränder der bogenförmigen Einfassung der Heftplatte nach unten ab. Concentrische Kreise verschiedener Zahl und Grösse, an dem Hefte horizontalgestellt und durch einige ebenfalls horizontale ringsumlaufende Parallellinien von einander getrennt, bilden die hauptsächlichsten Verzierungen des Griffes. An der unteren Fläche der Knaufplatte bildet ein Kranz nach unten geöffneter concentrischer Bogen zu je 4 oder 5 übereinandergestellt, den Abschluss gegen den Mitteltheil des Griffes, ein zweiter äusserer Kranz ebensolcher zu je 3 übereinandergestellter, nach aussen geöffneter Bogen die Randeinfassung. Diese Bogenverzierungen wurden wahrscheinlich mit stempelartigen Instrumenten eingeschlagen und bekunden durch Unregelmässigkeiten und Mangel an Accuratesse entweder Mangel an Geschick oder die Flüchtigkeit und Nachlässigkeit fabrikmässiger Herstellung. Die obere Fläche der Knaufplatte ist mit einem Kranze von 12 nach aussen geöffneten, ebenso hergestellten concentrischen Bogen, welche je 3 concentrische Kreise umschliessen, verziert. Der Mittelknopf, von ovalem Querschnitt, ist oben glatt, am Rande mit nach unten geöffneten concentrischen Bogen verziert und durch einige parallele ringsumlaufende feine Linien von der Platte abgegrenzt. Die Klinge ist mit einem breiten abgerundeten Mittelrücken versehen, der sich auf jeder Seite von der schmalen und dünnen Schneide scharf abhebt. Die Bruchflächen sind alt. Die Länge der Klinge beträgt: 57 Ctmtr.; ihre Breite: 3,5 Ctmtr.; die Länge des Griffes: 10 Ctmtr.

Durchmesser der Knaufplatte: 5,5 und 4 Ctmtr.; Höhe des Mittelknopfes: 6 Ctmtr.; Durchmesser desselben: 1,8 und 0,8 Ctmtr.

Gefunden zu Stechow bei Rathenow, Provinz Brandenburg, beim Rajolen.

(Der Grifftheil ist auf Taf. XIII. 5 noch einmal in ½ der natürlichen Grösse dargestellt.)

22. (Kat.-No. II. 6287.) Fundort: Dominsel in Brandenburg a. d. Havel, Provinz Brandenburg.

Zweischneidiges Bronzeschwert, in 2 Stücke zerbrochen, mit geschweifter schilfblattähnlicher Klinge, welche mehrfach die Spuren fehlerhaften Gusses an sich trägt und gegen die Spitze hin noch einige Andeutungen von mehreren parallelen feinen Rinnen nahe und parallel der Schneide erkennen lässt. Die Bruchflächen sind alt; die Spitze wurde ebenfalls schon vor Alters, wie es scheint, abgebrochen oder durch Stösse abgestumpft. Der stumpfwinkelige abgerundete Mittelrücken nimmt erst in geringer Entfernung der Spitze an Stärke ab und verleiht letzterer dadurch eine starke Wucht. Der Griff ist an der stark verbreiterten Heftplatte mit 2 dünnen Nieten befestigt, in ähnlicher Weise wie bei Fig. 21. Schwache Spuren einiger Querlinien dicht unter- und oberhalb der Nietlöcher, sowie einige oberhalb der letzteren in einem starken Bogen umbiegende Parallellinien, welche den Contouren der Heftplattenfassung folgen, bilden die Verzierungen der letzteren. Vier reifenartige flache Wülste, auf den Seiten mit etwa 5 parallelen feinen Linien eingefasst, bilden das Ornament des mittleren Grifftheiles, der oben durch eine runde mit ebenfalls rundem Mittelknopf versehene Knaufplatte abgeschlossen wird. Die Platte ist nur mit einigen concentrischen Kreisen, deren Mittelpunkt in dem Mittelpunkt der Platte selbst liegt, verziert, dicht am Rande der centralen Erhebung aber mit einem durchgehenden Loche von 3,5 Millimeter Durchmesser versehen, das wegen der Unregelmässigkeit seines Contours schon beim Gusse hergestellt zu sein scheint. Die Erhaltung und Farbe des Schwertes gleicht der in Mooren gefundener Bronzen. Die Länge der Klinge beträgt: 56 Ctmtr.; die grösste Breite derselben: 4 Ctmtr.; die Länge des Griffes: 11 Ctmtr.; der Durchmesser der Knaufplatte: 4,3 Ctmtr.; der Durchmesser der centralen Erhebung: 1,5 Ctmtr.; die Höhe derselben: 0,75 Ctmtr.

Das Schwert wurde auf der Dominsel in Brandenburg 20 Fuss tief gefunden.

23. (Kat.-No. II. 1954.) Fundort: Schönfeld in der Priegnitz, Provinz Brandenburg.

Zweischneidiges, in 2 Stücke zerbrochenes Bronzeschwert von bedeutender Länge und Breite der Klinge. Letztere ist schilfblattförmig, geschweift und endigt in einer fast stumpfwinkeligen Spitze. Die untere Hälfte ist glatt, mit einfacher Rückenschneide versehen, die obere dagegen hat einen abgerundeten etwas flachen Mittelgrat, den zu jeder Seite 2 schmale, dann eine breitere und hierauf wiederum eine schmale Längsrippe in der eben genannten, von der Mitte nach dem Rande zu fortschreitenden Reihenfolge bis gegen die Mitte der Klinge hin begleiten. Letztere werden nach der Spitze zu allmälig flacher, verwischen sich mehr und mehr und sind in der Mitte der Klinge bereits gänzlich verschwunden. Ob dies das Resultat einer vor Alters vorgenommenen Schärfung durch Schleifung ist, lässt sich nicht mehr erkennen, da die ganze Klinge fast ganz gleichmässig mit einer starken dunkelgrünen Patinaschicht bedeckt ist. Die Schneide selbst ist in dem oberen Abschnitt schmal und nahe der Heftplatte mit einer stumpfen Auskehlung versehen. Die Heftplatte hat zwei Nietlöcher und endigt nach einer vorhandenen Zeichnung in eine in der Mitte verbreiterte, mit einem Nietloche versehene Griffzunge, welche in eine trapezförmige Platte und schliesslich in einen langen und schmalen achtkantigen Dorn ausläuft, ähnlich Taf. IX. 20. Länge der Klinge: 68 Ctmtr.; Breite derselben: 4 Ctmtr.; Länge des ganzen Schwertes nach der Notiz im Katalog 2' 8½" = 85 Ctmtr.

Gefunden ist dasselbe in der Nähe von Schönfeld bei Perleberg in der Priegnitz.

24. (Kat.-No. II. 1012.) Fundort: Unbekannt. (Aus der Sammlung des Herrn Generallieutenant v. Minutoli.)

„Ein in 6 ungleiche Stücke zerbrochenes, 22 Zoll (57,5 Ctmtr.) langes, unten 1½ Zoll (3,8 Ctmtr.) breites zweischneidiges Schwert von Bronze, mit unten sich erweiterndem Heft, jedoch ohne Griff und Griffzange, dagegen mit 4 Nietnägeln, vermittelst welcher die Heftplatte an den Griff befestigt gewesen zu sein scheint.*) Liegt nebst einem vermuthlich mit dem Schwerte zusammen gefundenen länglichen, 3' , Zoll (7,6 Ctmtr.) langem (1 Ctmtr. starkem, 1,5 Ctmtr. hohem, mit Eisenoxyd zum Theil überzogenem) bogenförmigem Wetzstein in einem rothen, mit Glas bedeckten Kasten.

Ehemals dem Churfürsten von Cöln zugehörig gewesen.*

Länge der Nieten 1,3—1,8 Ctmtr.; Stärke derselben: 0,5 Ctmtr.

*) In der Mitte verläuft der ganzen Länge nach ein schmaler, verhältnissmässig hoher abgerundeter Grat.

Tafel V.

1 u. 2. (Kat.-No. II. 2953 u. 2954.) Fundort: Ralswiek auf Rügen. Geschenk des Herrn von Barnekow auf Ralswiek.

1. (Kat.-No. II. 2953.) Grosses zweischneidiges, sehr stark oxydirtes Bronzeschwert, in 8 Stücke zerbrochen. Die Klinge hat einen breiten Mittelrücken; die Heftplatte, mit 4 Nietlöchern versehen, ist nur wenig breiter als erstere; an ihren halbkreisförmigen oberen Rand setzt sich die breite, von 4 Nietlöchern durchbohrte Griffzunge, welche sich oben, wahrscheinlich zur Anfügung eines Knaufes, wiederum verbreitert. Länge der Klinge: 68 Ctmtr.; Breite derselben: 4 Ctmtr.; Länge des Griffes: 9 Ctmtr.

2. (Kat.-No. II. 2954.) Aehnlich geformtes kleineres Bronzeschwert, ebenfalls sehr stark oxydirt, in 3 Stücke zerbrochen. Die stark ausladende Heftplatte hat 4 Nietlöcher; die Griffzunge, nur an der Ansatzstelle der Heftplatte mit einem Nietloche versehen, hat ziemlich hohe Ränder und ist oben einfach horizontal abgeschnitten. Länge der Klinge: 53 Ctmtr.; Breite derselben: 3,5 Ctmtr.; Länge des Griffes: 9 Ctmtr.

„Beide Schwerter wurden im Jahre 1843 bei Ralswiek auf Rügen in einem Hünengrabe gefunden."

3. (Kat.-No. II. 6568.) Fundort: Bublitz, Reg.-Bez. Cöslin, Hinter-Pommern.

Schlanke, zweischneidige, bronzene Schwertklinge mit schmalem, flachem Mittelrücken, welcher von zwei feinen Blutrinnen auf jeder Seite begrenzt wird. Die breite Heftplatte, am oberen Rande etwas lädirt, lässt die Spuren von 5 Nietlöchern erkennen. Länge der Klinge: 63 Ctmtr.; Breite derselben: 3 Ctmtr.; Länge der Heftplatte: 4 Ctmtr.; Breite derselben: 5 Ctmtr.

4. (Kat.-No. II. 1013.) Fundort: Pommern. (Aus der Sammlung des Hofrath Rath zu Dorpat.)

Grosses zweischneidiges, in 7 Stücke zerbrochenes Bronzeschwert mit breiter, wenig geschweifter, schilfblattförmiger Klinge, welche mit schmalem, flachem, auf jeder Seite mit einer feinen Längsrippe abgegrenztem Mittelrücken versehen ist. Die Heftplatte mit erhöhtem, bogenförmigem Rande ist mit 2 Nietlöchern von unregelmässiger Form versehen. Dicht oberhalb der letzteren bemerkt man auf jeder Seite 2 unregelmässige Vertiefungen mit rauhem Grunde, welche dadurch entstanden zu sein scheinen, dass man beabsichtigte, die Heftplatte mit noch mehr Nietlöchern zu versehen und dieselbe deshalb von beiden Seiten her zu durchlochen versuchte. Die schmale, mit hohen Rändern versehene Griffzunge hat 2 Nietlöcher von sehr ungleicher Grösse und endigt mit einer oben horizontal abgeschnittenen Verbreiterung. Die Bruchflächen haben ein ziemlich frisches Ansehen; ein Fragment aus dem oberen Theil der Klinge ist verloren gegangen. Länge der Klinge: etwa 60 [?] Ctmtr.; Breite derselben: 4 Ctmtr.; Länge des Griffes: 10 Ctmtr.

Angeblich in Pommern in einer Urne gefunden, was jedoch wegen der Beschaffenheit der Bruchflächen zu bezweifeln ist.

5. (Kat.-No. II. 6260.) Fundort: Sorenbohm bei Cöslin, Hinter-Pommern.

Zweischneidige, leicht geschweifte, schilfblattförmige Klinge eines Bronzeschwertes mit schmalem, flachem Mittelrücken, der auf jeder Seite von einer feinen Blutrinne eingefasst ist. Die etwas verbreiterte Heftplatte endigt in einen kurzen Dorn von ovalem Querschnitt, der an einigen Stellen von einer braunschwarzen Masse von pechähnlichem Ansehen bedeckt ist. Länge der Klinge: 50 Ctmtr.; Breite derselben: 3,25 Ctmtr.; Länge des Grifftheiles: 7 Ctmtr.

„Dieses Schwert wurde im November des Jahres 1867 bei Sorenbohm, 1½ Meilen von Cöslin, hart an der Ostsee im Torfmoor gefunden.“

6. (Kat.-No. II. 3680.) Fundort: Neu-Stettin, Hinter-Pommern. Geschenk Sr. Majestät des Königs Friedrich Wilhelm IV.

Eine der vorigen ganz ähnliche, aber kürzere und glatte Bronzeklinge mit flachem, rundem Mittelrücken, deren Griffdorn ebenfalls und sogar in noch stärkerem Maasse mit einer braunschwarzen, pechähnlichen Masse bedeckt ist. Länge der Klinge: 47 Ctmtr.; Breite derselben: 3 Ctmtr.; Länge des Grifftheiles: 7 Ctmtr.

Ein auf der Klinge aufgeklebter Papierstreifen enthält folgende Aufschrift: „Diese bronzene Klinge ist im Jahre 1849 auf dem Exercierplatz des Neustettiner Landwehrbataillons am Vilm-See — auf dem alten Seegrunde — gefunden worden. v. Seelhorst, Major und Bataillons-Commandeur etc.“

7 u. 8. (Kat.-No. II. 6812 u. 6813.) Fundort: Anklam, Vor-Pommern.

7. (Kat.-No. II. 6812.) Paalstab aus Bronze von gelblichem Ansehen, mit schmalen, nach innen umgebogenen Schaftlappen, welche sich in der Mitte fast berühren. Am oberen Ende ist derselbe gradlinig und rechtwinkelig abgeschnitten; der untere Theil ist in der Mitte mit einer Längsrinne versehen, welche nach oben durch eine querstehende Scheidewand abgeschlossen wird. An den beiden Seitenflächen sieht man in der Mitte die Gussnaht, welche sich auf der ganzen Länge des Stückes verfolgen lässt. Die Schneide ist schmal. Länge des Paalstabes: 15 Ctmtr.; Breite des oberen Theiles: 2.6 Ctmtr.; Breite der Schneide: 3.3 Ctmtr.

8. (Kat.-No. II. 6813.) Leicht geschweifte, schilfblattförmige, zweischneidige Klinge eines Schwertes aus Bronze von röthlichem Ansehen, mit einfacher, schwach abgerundeter, stumpfkantiger Rückenscheide und Griffdorn. Dieselbe wurde, dem Aussehen der Bruchflächen nach zu urtheilen, schon vor Alters in 2 Stücke zerbrochen. Den Griffdorn umgiebt in seiner ganzen Länge eine nicht genau anschliessende und deshalb etwas bewegliche Umhüllung aus Bronze, welche wahrscheinlich zur Nachbesserung eines Gussfehlers oder zur Reparatur eines Bruches angebracht wurde. Länge der Klinge: 57 Ctmtr.; Breite derselben: 3 Ctmtr.; Länge des Grifftheiles: 8 Ctmtr.

Beide Gegenstände wurden in der Nähe von Anklam beim Torfgraben gefunden.

9. (Kat.-No. II. 2020.) Fundort: Putbus auf Rügen.

Oberer Theil einer schmalen, langen Dolchklinge mit einfacher, abgerundeter Rückenscheide und in eine ziemlich scharfe Spitze auslaufendem Griffdorn. Länge: 18 Ctmtr.; Breite: 2 Ctmtr.; Länge des Grifftheiles: 8,5 Ctmtr.

Gefunden auf einem Felde bei Putbus auf Rügen.

Tafel VI.

1. (Kat.-No. II. 8532.) Fundort: Saxtorps Torfmosse, Harjagers Härad, Prov. Schonen, Schweden. Aus der Sammlung des Herrn Dr. Brunius zu Landskrona.

Zweischneidiges Bronzeschwert mit abgebrochener Spitze, oben an den Ecken etwas lädirter Griffzunge und glatter Klinge. Letztere ist mit stumpfer, stark abgerundeter Rückenscheide versehen. Die Heftplatte hat 4 Nietlöcher, die Griffzunge deren 3. Länge der Klinge: 50 Ctmtr.; Breite derselben: 3 Ctmtr.; Länge des Griffes: 9 Ctmtr.

Gefunden in einem Torfmoor bei Saxtorp, in der Nähe von Landskrona, Provinz Schonen im südlichen Schweden.

2. Fundort: Rügen. Im Besitz Sr. Durchlaucht des Fürsten Putbus auf Rügen.

Zweischneidiges Bronzeschwert. Die Klinge ist geschweift, schilfblattförmig und mit 4 feinen Längsrippen versehen, welche in geringer Entfernung von einander parallel dem Rande verlaufen und den abgerundeten flachen Mittelrücken begrenzen. Der hohlgegossene bronzene Griff endet unten geradlinig und ist nur in der Mitte mit einem kleinen bogenförmigen Ausschnitte versehen. Sein mittlerer, etwas ausgebauchter Theil ist mit 3 horizontalen, ringsumlaufenden, flachen, abgerundeten Wülsten verziert und trägt statt eines Schlussknaufes eine langovale Platte, welche auf beiden Enden in eine dicht aufgerollte Spirale ausläuft.

Die Färbung und sonstige gute Erhaltung lassen darauf schliessen, dass das Schwert in einem Moore gefunden wurde.

3 u. 4. (Kat.-No. II. 7567 und I. 4285.) Fundort: Stölln im westlichen Havelland. Geschenk des Herrn Rentier Teichert zu Potsdam. Zum Stöllner Funde gehörig. S. a. Taf. I, 1—5; Taf. II, 2; Taf. XV, 1.

3. (Kat.-No. II. 7567.) Zweischneidiges Bronzeschwert mit wenig geschweifter Klinge, welche mit einem flachen Mittelgrat und auf jeder Seite desselben mit mehreren gedoppelten feinen Blutrinnen versehen ist. Auf der einen Seite ist das Griffende des Mittelgrates mit mehreren parallelen Linien verziert, welche zur Hälfte schräg nach rechts, zur anderen Hälfte schräg nach links gerichtet sind. Der Griff ist, wie es scheint, angegossen. Der untere Theil desselben ist bogenförmig gestaltet, in der Mitte mit einem schraffirten Dreieck und zu beiden Seiten des letzteren mit je 2 tannenzweigähnlichen, schräg nach aussen und oben gerichteten Linienornamenten verziert. Die unteren Ränder sind horizontal geradlinig abgeschnitten und mit 3 ebenfalls horizontalen, durch feine Schrägstriche verbundenen und einigen auf diesen senkrecht stehenden, nach oben bis zu den tannenzweigähnlichen Ornamenten reichenden Linien ornamentirt. Die Griffzunge hat 4 Nietlöcher, welche zur Befestigung der Verschalung in der von den hohen Rändern gebildeten, nicht unbedeutenden Vertiefung dienten. Die Ränder selbst sind in der Mitte und an den beiden Enden mit gepaarten schräggestrichelten Querrippen verziert, welche an die Querwülste erinnern, wie man dergleichen an rundgegossenen Bronzegriffen, z. B. Fig. 2

dieser Tafel und sonst häufig sieht. Zwischen dem unteren und mittleren Paare verlaufen 3 und 4 horizontale Parallellinien, von kurzen, dichtgestellten, senkrechten Strichen eingefasst. Die oberen und mittleren Querrippen sind durch einige parallele Längslinien verbunden, deren Zwischenräume mit abwechselnd nach aufwärts und abwärts gerichteten Schrägstrichen ausgefüllt sind. Oben verbreitert sich die Griffzunge ein wenig. Das Schwert ist mit schöner Patina bedeckt und von derselben guten Erhaltung, wie die übrigen zu demselben Funde gehörigen Stücke. Länge der Klinge: 54 Ctmtr.; Breite derselben: 3,25 Ctmtr.; Länge des Griffes: 9 Ctmtr.

4. (Kat.-No. I. 4285.) Thönerner Spinnwirtel aus grober Masse und von roher Arbeit, auf einer Seite ein wenig erhaben, auf der anderen etwas ausgehöhlt. Durchmesser: 4 Ctmtr.; Durchmesser der in der Mitte befindlichen Durchbohrung: 0,8 Ctmtr.

Ueber die Fundumstände vergl. das zu Taf. I. Fig. 1—3. Bemerkte.

5. (Kat.-No. II. 1018.) Fundort: Stessow in der West-Priegnitz, Provinz Brandenburg. Aus der Sammlung des Rectors Professor Danneil zu Salzwedel. S. a. Taf. XV. 2.

Eine nach der Spitze hin allmälig sich verjüngende, zweischneidige, glatte Schwertklinge aus Bronze mit etwas ausladender Heftplatte und rundlichem, oben cylindrischem Griffdorn. Eine dunkelbraune, eisenrostähnliche Schicht, nur an einer Stelle von graugrünlicher Färbung, bedeckt dieselbe ihrer ganzen Länge nach. Länge der Klinge: 39 Ctmtr.; Breite derselben: 5 Ctmtr.; Länge des Griffes: 11 Ctmtr.

Herr Danneil berichtet in dem handschriftlichen Verzeichniss seiner Sammlung unter No. 257 über die Auffindung Folgendes: „Es wurde gefunden bei dem folgenden Gefäss (Kat.-No. I. 677; s. Taf. XV. 2) in dem Acker des Gutes Stessow, dessen Besitzer, der Oberamtmann Meyer, jetzt zu Chorin, mir Beides zum Geschenk machte. So sehr ich geneigt bin, dieses Schwert für ein Product der altgermanischen Zeit zu erklären, so scheint mir doch das Gefäss neueren Ursprungs zu sein. Es ist dies nämlich ein fast cylindrisch gestaltetes Gefäss von colossaler Schwere, vielleicht nicht viel unter 100 Pfund schwer, aus gebrannter Ziegelerde von gleicher Farbe mit den Ziegelsteinen, durchaus noch aus freier Hand gearbeitet, daher ganz uneben und ziemlich unregelmässig. 2 grosse unförmliche Henkel befinden sich an der Seite, ohne welche Handhaben das Gefäss nicht ohne Schwierigkeit getragen werden konnte. Alles, was ich über das Gefäss noch zu erfahren wünschte, konnte nicht beantwortet werden, da die Knechte, die es beim Pflügen des Ackers gefunden, Nichts wussten.“

Herr von Ledebur bemerkt dazu S. 101 seines gedruckten Katalogs (Berlin 1838), in welchem das Gefäss auf Taf. IV abgebildet ist: „Das Ungewöhnliche der Form und des Stoffes kann nicht als genügender Grund betrachtet werden, die Aechtheit des Stückes als eines in die heidnische Zeit zurückreichenden Alterthums in Zweifel zu ziehen. Aus dem Mittelalter möchte eben so wenig etwas Aehnliches aufzuweisen sein; für diese Zeit erscheint das Gefäss auch viel zu roh; die an dem Mündungsrand eingeritzten Tannenzweig-Verzierungen sind ein häufig an Urnen und anderen Geräthschaften unserer heidnischen Vorzeit, selbst an den Steinwänden des sogenannten Hünengrabes im Schlossgarten zu Merseburg vorkommendes Ornament, und wohl mag auch daran erinnert werden, dass im Jahre 1775 bei Wiestenthal, unfern Harburg, in einer Steinkiste eine Urne gefunden worden ist, die eine Schwere von 104 Pfund hatte (Meusel's Geschichtsforscher V. 34.)“

6a. u. 6b. (Kat.-No. II. 2059.) Fundort: Bethkenhammer, Kreis Deutsch-Krone, West-Preussen. Geschenk des Gutsbesitzers Herrn Hafemann auf Bethkenhammer.

„In dem Lande zwischen Drage, Netze und Küddow, welches bei der kirchlichen Eintheilung dem Sprengel des Bischofs von Posen unterworfen wurde, mithin als ein Theil des alten Polens zu betrachten ist, ward bei Gelegenheit des Grabenziehens zur Entwässerung eines Bruches auf dem Gute Bethkenhammer bei Jastrow im Deutsch-Kroner Kreise eine merkwürdige, ganz eigenthümliche und räthselhafte Waffe von Bronze (Kat.-No. II. 2059) gefunden und Februar 1838 durch den Besitzer jenes Gutes Herrn Hafemann der Königlichen Sammlung verehrt. Es besteht dieselbe aus zwei getrennten Theilen und zwar erstlich (Fig. 6a.) aus einer 8½" (22,3 Ctmtr.) langen, unten 2½" (6,5 Ctmtr.) breiten zweischneidigen Klinge; unten 2mal, behufs

Befestigung an dem zweiten Stücke, durchbohrt und an der Basis, von welcher aus die Klinge diesen unteren, derselben als Gefäss dienenden Theil überragt, mit einer schraffirten Zickzackverzierung, wie wir Urnen und Metallgeräthschaften heidnischer Zeit häufig ornamentirt finden, versehen. Dieses Gefäss oder der zweite Theil der Waffe (Fig. 6b.), die einem kurzen Handschwerte ähnlich sieht, aber auch eine Stosswaffe gewesen sein kann, ist durchbrochen gearbeitet. Zwei Löcher entsprechen den beiden Durchbohrungen der Klinge und müssen mittelst zweier Stifte aneinander befestigt gewesen sein. Drei kegelförmige Zapfen schmücken beide Seiten des mittleren Theiles an diesem Gefässe. Auffallend erscheint, dass die beiden Enden desselben verschiedenartig construirt sind und dass den oberen Rand ein Bügel schliesst, der die Annahme, als könne hier sich ein Schwertgriff angeschlossen haben, gründlich zu verbieten scheint." (v. Ledebur: Katalog 1838, S. 15 und 16.)

Klinge und Heft des eben beschriebenen Gegenstandes sind in Bronze gegossen, von bräunlicher Farbe und sehr gut erhalten. Der oben erwähnte freigearbeitete Bügel, dessen in der Abbildung fehlendes Fragment in der Sammlung vorhanden ist, bildete die Verlängerung der bei Fig. 6b. mit α bezeichneten freien Endigung und legte sich an dem linken Ende des Heftes bei β glatt an. Letzteres schliesst hier mit einem schwachen Randwulst ab, während das andere Ende bei γ eine vorspringende Platte bildet. Nach der Form des Heftes, welches für die Hand wegen der drei conischen Buckel höchst unbequem ist, andererseits aber nach der Aehnlichkeit mit andern waffenähnlichen Bronzegeräthen, den sogenannten Schwertpfählen oder Commandostäben, welche allerdings gestielt sind, dürfen wir wohl auch bei diesem Stück annehmen, dass es ursprünglich gestielt war und zwar wird dieser Stiel von Metall gewesen sein müssen, da der Hohlraum des Heftes, welcher durch die Basis der Klinge noch mehr verengt wird, so schmal ist, dass ein Stiel aus anderem Material als Metall in höchstem Grade zerbrechlich gewesen sein dürfte. Die grösste Breite des Lumens beträgt nämlich bei einer Länge von 2,1 Ctmtr. nur 1,1 Ctmtr.; dieselbe wird ausserdem durch 2 leistenartige Vorsprünge auf jeder Seite auf eine Weite von nur 0,6 Ctmtr. zwischen je zwei einander gegenüberstehenden Vorsprüngen vermindert, so dass bei der Stärke der Klingenbasis von 0,2 Ctmtr., auf jeder Seite derselben nur 0,2 und an den weiteren zwischen den Leisten gelegenen Stellen 0,4—0,5 Ctmtr. für den Stiel, der überdies zur Aufnahme der Klingenendigung gespalten sein musste, übrig bleiben.

7 u. 8. (Kat.-No. II. 6632 u. 6633.) **Fundort: Schmon, Kreis Querfurt, Reg.-Bez. Merseburg.** (Im Mansfeldischen.)

7. (Kat.-No. II. 6633.) Aufwärtsgebogenes, S-förmig geschweiftes, einschneidiges Bronzemesser mit conischer, von 2 Nietlöchern durchbohrter Schafthülse, wahrscheinlich durch Schleifen der Patina beraubt. Länge der Klinge: 17 Ctmtr.; Breite derselben: 1,8 Ctmtr.; Länge der Schafthülse: 4,7 Ctmtr.; Weite derselben unten an der Oeffnung: 1,5 Ctmtr.; Durchmesser der Nietlöcher: 0,4 Ctmtr.

8. (Kat.-No. II. 6632.) Einschneidiges Bronzemesser mit einer Fig. 7 ähnlich geformten Klinge, von der die Patina ebenfalls entfernt ist, und einem massiven, mit einer schönen dunkelgrünen Patina bedeckten Griff. Letzterer ist mit der Klinge durch einen rundlichen, 1 Ctmtr. starken Stiel verbunden. Die Verbindungsstelle wird durch einen Wulst besonders markirt. 2 andere stark vorspringende Wülste theilen den Griff in 3 verschieden geformte Theile, deren oberer einfach einen Cylinder von ovalem Querschnitt bildet, deren zweiter einen vierkantigen, bogenförmig gekrümmten Stab darstellt und deren dritter endlich aus einer dicken, nach der Endigung zu sich verbreiternden Platte mit abgerundeten Kanten besteht. Auf jeder Seite dieser Platte befindet sich ein kleiner Buckel, welcher in Verbindung mit dem bogenförmigen Ausschnitte am freien Ende der Platte und dem darin angebrachten ringförmigen Bügel fast den Eindruck eines Thierkopfes macht, dessen weit geöffneter Rachen einen Ring hält. Länge der Klinge: 19,2 Ctmtr.; Breite derselben: 1,7 Ctmtr.; Länge des ganzen Griffes: 11 Ctmtr.; untere Breite der Endplatte: 2,5 Ctmtr.; Durchmesser des Ringes: 2,2 Ctmtr.

Beide Messer wurden im Jahre 1850 in dem Dorfe Schmon im Mansfeldischen gefunden, mit 3 bronzenen Sicheln (Kat.-No. II. 6634—6636), 2 Paalstäben und 1 Celt (Kat.-No. II. 6638—6640) und einem hohlen, geöffneten Armringe (Kat.-No. II. 6641) zusammen.

Zwei von den Sicheln (Kat.-No. II. 6634 u. 6635) sind einander ähnlich. Auf der einen Seite sind dieselben glatt, während auf der anderen parallel mit einander mit dem Rücken drei Rippen verlaufen, welche kurz vor dem zur Befestigung der Handhabe dienenden Dorn endigen. Die eine (Kat.-No. II. 6635) ist der Patina beraubt, die andere dagegen mit einer solchen von schönem Glanze und dunkelgrüner Farbe bedeckt. Bei Ersterer ist der Dorn unmittelbar an dem Ende der Klinge, bei der anderen dagegen in einiger Entfernung davon angebracht. Auch sind bei derselben einige schräg nach unten verlaufende Querrippen angedeutet, welche kurz vor dem Dorn von den 2 inneren Längsrippen aus zur Schneide verlaufen. Die dritte Sichel (Kat.-No. II. 6636) weicht in Grösse und Form von den beiden eben beschriebenen etwas ab. Das Blatt endigt ziemlich schmal und hat dadurch eine fast halbmondförmige Gestalt. Diese Sichel ist grösser als die anderen. Sie ist in gleicher Weise, wie die beiden vorigen, mit 3 Längsrippen verziert. Die äusserste, den Rand bildende endigt mit einer kurzen, schmalen, seitlich vorspringenden Platte, welche wahrscheinlich, gleich dem erwähnten Dorn bei den anderen Stücken, zur Befestigung der Handhabe diente. Maasse: Länge von II. 6634: 13 Ctmtr.; Breite: 2,6 Ctmtr. Länge von II. 6635: 14 Ctmtr.; Breite: 2,5 Ctmtr. Länge von II. 6636: 14 Ctmtr.; Breite: 3 Ctmtr.

Die beiden Paalstäbe sind einander sehr ungleich in Form und Grösse. Der Eine (Kat.-No. II. 6638) ist ungewöhnlich gross und kräftig. An die oben etwas bogig ausgeschnittene, sonst fast rechteckige Schaftplatte setzen sich zwei in der Mitte sich vereinigende kurze, hohe und steilaufgerichtete Schaftlappen und bilden einen seitlich zusammengerückten, verschmälerten, hohen Mitteltheil, an den sich der fast dreieckig geformte Schneidentheil mit sanft nach aussen gebogener Schneide ansetzt. Die Seitenkanten des Schneidentheiles, sowie die der Schaftlappen sind abgestumpft. Gesammt-Länge: 21 Ctmtr.; Breite der Schneide: 4,5 Ctmtr.; Breite der Schaftplatte: 3 Ctmtr.

Der zweite Paalstab (Kat.-No. II. 6639) ist bedeutend kleiner. An die viereckige Schaftplatte schliesst sich der mittlere Theil, an den sich auf jeder Seite die 2 hohlgebogenen, abgerundeten Schaftlappen ansetzen, welche sich jedoch in der Mitte nicht berühren. Die sanft nach aussen gebogene Schneide ist ein wenig verbreitert. Länge: 15,5 Ctmtr.; Breite der Schaftplatte: 2,5 Ctmtr.; Breite der Schneide: 3,5 Ctmtr.

Der Celt (Kat.-No. II. 6640) ist klein und mit verhältnissmässig grossem Oehr versehen. Der wulstige Rand der oberen viereckigen Oeffnung war durch einige parallele Furchen etwas hervorgehoben, sonstige Ornamente scheinen aber nicht vorhanden gewesen zu sein. Die Patina ist durch Schleifen entfernt. Zu bemerken ist aber, dass, während die anderen zu diesem Funde gehörigen Gegenstände aus einer hellen, mehr goldfarbigen Bronze hergestellt sind, dieses Stück ein röthliches, kupferiges Ansehen hat. Länge: 8 Ctmtr.; Weite der Mündung: 2,3 Ctmtr.; Breite der Schneide: 4 Ctmtr.

Schliesslich gehört zu diesem Funde ein schön patinirter hohlgegossener offener Armring (Kat.-No. II. 6641). Derselbe verjüngt sich etwas gegen seine an der Aussenseite mit einigen Querlinien verzierten Endigungen, welche durch kleine quergestellte Platten abgeschlossen werden. Durchmesser: 7,5 und 6 Ctmtr.; Durchmesser des Lumens: 5,5 und 4,5 Ctmtr.; Stärke des Stabes: 1,4 Ctmtr.

9—11. (Kat.-No. II. 3910—3912.) Fundort: Liebenfelde bei Soldin, Reg.-Bez. Frankfurt, Prov. Brandenburg. Geschenk des Herrn Gymnasial-Director Professor Dr. Kuhn zu Berlin.

9. (Kat.-No. II. 3910.) Mit grüner Patina bedecktes einschneidiges Bronzemesser mit starkgeschweifter Klinge, deren Spitze nach aufwärts gebogen ist, mit angegossenem Heft, dessen sich am Ende verbreiternder Griff mit Platten belegt war, wie die mit 3 Nietlöchern versehenen Vertiefungen beweisen. Der Rücken der Klinge ist stark verbreitert und bildet einen weit vorspringenden Rand. Er ist von dem Ansatze des Heftes bis nahe zur Spitze reich mit Quer- und Schräglinien sowie schraffirten Dreiecken verziert. Die Klinge ist mit dem Griff durch einen rundlichen Stiel verbunden, welcher in der Mitte durch einen schwachen ring-

förmigen mit einigen Querstrichen verzierten Wulst und zu beiden Seiten desselben mit parallelen ringsumlaufenden horizontalen Linien ornamentirt ist. Länge der Klinge: 21 Ctmtr.; Breite derselben: 2 Ctmtr.; Länge des Heftes: 7,5 Ctmtr.; Länge des Griffes: 4,7 Ctmtr.; Breite desselben: 1—1,7 Ctmtr.

10. (Kat.-No. II. 3911.) Schön patinirte runde glatte Bronzenadel mit oben abgeplattetem runden massivem Knopf. Länge derselben: 10 Ctmtr.; Stärke derselben: 0,3 Ctmtr.; Durchmesser des Knopfes: 0,7 Ctmtr.

11. (Kat.-No. II. 3912.) Stark zusammengebogene, kleine bronzene Bügelfibula mit schöner Patina. Dieselbe besteht aus einer dünnen und schmalen gegossenen Platte mit zwei seitlichen Fortsätzen an dem einen Ende, welche als Decke und zur Befestigung einer etwa 12 Umläufe zählenden Spiralenrolle dienten, die aus dünnem Bronzedraht über einen anderen gleich starken, als Längsachse dienenden Draht gewunden war. Etwa die Hälfte der Rolle, sowie die Nadel selbst fehlen. Der an die Spiralendecke sich anschliessende Theil der Bügelplatte ist mit 3 Längslinien, von denen die eine in der Mitte, die anderen beiden parallel den Rändern verlaufen, verziert und wird durch einen Querwulst getrennt von dem etwas stärkeren, auf der oberen Seite dachartig nach beiden Rändern hin abgeschrägten anderen Endtheile, welche unter der rechtwinkelig abgeschnittenen Endigung das aus einer der Längsrichtung folgenden, senkrechten kleinen Platte bestehende Widerlager für die Nadelspitze trägt. Die Platte, welche, wie es scheint, zu diesem Zwecke ursprünglich zu einer nach oben offenen Scheide umgebogen war, ist jetzt aufgebogen.*) Länge der Spiralenrolle: 2,5 Ctmtr.; Breite der Bügelplatte: 1 Ctmtr.; Länge derselben: 3,7 Ctmtr.

Oben beschriebene 3 Gegenstände sind nach dem Berichte des Herrn Director Kuhn auf Grund von Mittheilungen des Rittergutsbesitzers Koppe zu Liebenfelde, in der Nähe eines See's beim Vorwerk Rostin, zur Feldmark des Rittergutes Liebenfelde im Kreise Soldin des Frankfurter Regierungs-Bezirkes gehörig, gefunden „und zwar bei Wegräumung eines Steinhaufens, in dem sich eine Urne mit Asche und Knochen befand, welche von regelmässig im Viereck gesetzten Steinen umschlossen war. Gleiche Steinhaufen finden sich noch in grosser Zahl umher und bedecken eine Fläche von 6—10 Morgen, so dass systematische Nachgrabungen gewiss reiche Ausbeute ergeben würden. Südöstlich von diesen Steinhaufen, in Entfernung von einigen hundert Fussen, befinden sich 10—11 sogenannte „Hünenbetten“, die aus regelmässig im länglichen Viereck gesetzten Steinen bestehen, jedes etwa 2—3 Quadrat-Ruthen Flächeninhalt umschliessend. Mitten unter dem erstgenannten grossen Steinhaufen befindet sich ein grosser aufgerichteter Block, welcher von den Leuten der Altar oder Opferstein genannt wird und sonst als ein Grenzstein beim Hüten galt. Dabei ist vielleicht die Notiz von Interesse, dass der zwischen Lanow und dem Amt Neuendorf in der Uckermark gelegene Altarstein ebenfalls auf der Grenze steht und die Inschrift A. 1602. A. S. Lap trägt. Bekmann hat den Stein ebenfalls beschrieben.“

12—17. (Kat.-No. II. 6596—6601.) Fundort: Ziesar, Reg.-Bez. Magdeburg. Geschenk der Frau Minna Schrader, geb. Schaeffer, zu Ziesar.

12. (Kat.-No. II. 6597.) Ein kleiner runder Bronzegusskuchen mit Patina bedeckt. Durchmesser: 5 und 7 Ctmtr.; Dicke: 2 Ctmtr.

13. (Kat.-No. II. 6599.) Fragment mit alten Bruchflächen, die Hälfte des Obertheiles eines vierkantigen, an den Kanten abgerundeten gehöhlten Bronzecelts mit etwas stark nach aussen umbiegendem Randwulst und zwei mit demselben parallelen schmalen und flachen Wülsten. Länge: 5,6 Ctmtr.

14. (Kat.-No. II. 6598.) Oben abgeplatteter Kopf einer Bronzenadel. Durchmesser: 1,5 Ctmtr.

15. (Kat.-No. II. 6601.) Einschneidiges, mit schöner grüner Patina bedecktes Bronzemesser mit geschweifter, an der Spitze nach aufwärts gebogener Klinge und einer, von zwei gegenüberstehenden Nietlöchern durchbohrten Hülse zur Befestigung des Griffes. Länge der Klinge: 15 Ctmtr.; Breite derselben: 1,8 Ctmtr.; Länge der Griffhülse: 4,5 Ctmtr.; Durchmesser des Lumens derselben an der Mündung: 1,5 Ctmtr.

*) Höchst ähnlich ist das bei Hostmann, Der Urnenfriedhof bei Darzau, Braunschweig 1874 Taf. VII, 4 abgebildete Exemplar.

16. (Kat.-No. II. 6600.) Kleine bronzene Lanzenspitze, schön patinirt, mit etwas defecter Schafthülse, welche sich bis zur Spitze des Blattes, allmälig sich verjüngend, fortsetzt und wahrscheinlich von 2 Niethlöchern durchbohrt war. In derselben befinden sich noch einige Holzreste. Die Bruchflächen sind alt. Länge des Blattes: 7 Ctmtr.; Breite desselben: 2,7 Ctmtr.; Länge des freien Theiles der Schafthülse: 4,5 Ctmtr.

17. (Kat.-No. II. 6596.) Ein Pfriem mit vierkantigem, sich nach der Spitze zu verjüngendem Dorn und einem, aus einem hohlen, durch Kupferoxyd grünlich gefärbten Röhrenknochen bestehenden Griff, von dem jedoch an seinem oberen Ende, der frischen Bruchfläche nach zu urtheilen, etwas abgebrochen ist. Stärke des Dorns: 0,3 Ctmtr.; Länge desselben: 2,5 Ctmtr.; Länge des Griffrestes: 6 Ctmtr.; Stärke desselben: 1,2 Ctmtr.

Frau Minna Schrader zu Ziesar sandte über die Auffindung obiger Gegenstände folgenden Bericht ein, d. d. Ziesar, den 20. Juni 1870:

„Anfangs März d. J. erhielt ich durch Zufall Kenntniss, dass auf dem „Hühnerberge“ bei Ziesar, einer Hügelkette, die einen weiten Torfmoor, den „Fiener“, begrenzt, von Leuten, die Steine suchten, alte Aschenurnen ausgegraben wurden. Mich interessirte die Nachricht und ich ging trotz Schnee und Kälte hinaus und fand meine Vermuthung, dass hier ein sehr alter Begräbnissplatz zerstört werde, bestätigt, konnte jedoch nur bedauern, dass ich nicht früher Kenntniss davon hatte, da schon der grösste Theil ausgebeutet war. Nur nach und nach wurden noch einzelne Grabstätten gefunden. Da ich den Leuten eine Belohnung gelobt, machten sie mir Anzeige davon und so war ich im Stande, dies Wenige in Augenschein zu nehmen. Ich that dies theils aus eigenem Interesse, theils aus Pflichtgefühl: da ich der Wissenschaft nichts Umfassendes mehr retten konnte, wollte ich das noch Vorhandene sehen. Folgendes nun ist das Ergebniss theils eigener Anschauung, theils genauer Erkundigungen bei den Arbeitern.

Die Gräber finden sich auf einem weiten Platz zerstreut, machen sich jedoch durch kein äusseres Zeichen über der Erde bemerkbar. Der Boden ist grossentheils mit dürftiger Grasnarbe bewachsen oder auch schon beackert. Die Urnen befinden sich 2—3 Fuss tief in der Erde, stehen gewöhnlich auf einem flachen, doch nicht behauenen Stein, sind dann kreisförmig mit grösseren Steinen umgeben, die entweder ein grosser Stein deckt, oder es ist sorgfältig eine kleine Wölbung von Steinen und Erde darüber gebaut. Es fanden sich oft mehrere solcher Gräber nahe bei einander, an anderen Stellen zerstreut und vereinzelt. Da sie jedoch planlos ausgegraben sind, lässt sich über die Zusammengehörigkeit der Gräber keine Vermuthung aufstellen. In einigen Gräbern befand sich nur eine Urne, der immer zur Seite eine ganz kleine von gleicher Form angelehnt war; in andern Gräbern zwei grosse Urnen, in einigen grossen Grüften deren 6 bis 7. Alle sind mit verbrannten Knochenresten und Erde gefüllt. Die Urnen sind sehr primitiv, von grobem, steinigem Thon, sehr unvollkommen gearbeitet und schwach gebrannt; sie sind eben deshalb sehr schwer zu erhalten und zerfallen, ehe sie an der Luft wieder erhärten. Viele sind schon in der Erde zerfallen. Die Ornamentik ist sehr kunstlos: kreisförmig umlaufende oder 7—9 in Gruppen senkrecht stehende Striche, bei einzelnen in Abtheilungen gewölbte Bogen. Ich habe einzelne solche Urnen, jedoch zum Theil nur halb erhalten, zur geneigten Verfügung. Die wenigen Gegenstände, welche sich zwischen den Knochenresten befanden, bestanden aus Kupfer. Es waren mehrere lange Nadeln, die ich für Haarnadeln halte, ein Messer ohne Heft, einige zerbrochene Ringe von gewundenem Draht und mehrere kleine Spiralplatten von feinem Draht, alles jedoch so vom grünen Rost zerstört, dass es nicht unzerbrochen erhalten werden konnte.

Bei einigen Gräbern befand sich unmittelbar eine kleine Brandstätte, aus deren einer ich noch ganz wohl erhaltene Kohlen von Eichenholz entnahm. Doch ist keine Opferplatte vorhanden, sondern der gelbe Kies an dieser Stelle schwarz gebrannt. Die grossen Opferplätze befinden sich am Abhange des Berges auf kleinen Anhöhen, ein runder Platz mit grossen Steinen belegt, der in zwei gespaltene Theile sondirt. Die dort ausgegrabenen Steine waren vom Feuer geschwärzt und viel zerborsten. So viel auf diesem Platze auch schon zerstört ist, kann ich mich doch der Vermuthung nicht verschliessen, dass sich ganz in der Nähe ähnliche Begräbnissstellen finden; doch könnte sich das erst nach Aberntung der Feldfrüchte feststellen lassen, wie sich dann auch am alten Platze noch einzelne Gräber finden möchten.

Noch möchte ich einen Stein nicht unerwähnt lassen, der als Deckstein einer Urne diente. Obwohl ich dessen Werth oder Unwerth nicht beurtheilen kann, schien er mir doch eigenthümlich genug, um ihn vor dem Zerschlagen zu schützen. Es ist derselbe aus vielen kleinen etwas erhabenen Steinen durch eine Mergelmasse zusammengefügt, die aber fast selbst zu Stein erhärtet ist. Es wird mir schwer, hier an eine Conglomeration zu glauben, da andere solche, ganz hübsche zuweilen, als kleine Platten dienten und den Schönheitssinn unserer alten Vorfahren nicht ganz verkennen lassen.

Von einer anderen Ausgrabung möchte ich noch einige Worte sagen, die an einer entfernteren Stelle gemacht wurde, die ich jedoch nicht selbst gesehen. Nach der Beschreibung der Arbeitsleute, die dort eine Lanzenspitze und einen starken „Haarstecken" gefunden, dürfte es wohl ein grosses Kriegergrab gewesen sein, das, über 6 Fuss tief, sorgfältig mit grossen Steinen ausgelegt gewesen sein soll. Ich hatte nicht Gelegenheit, Nachforschungen anzustellen, da der Platz bald beackert wurde."

18. (Kat.-No. IV. 201.) **Fundort: Herzogthum Anhalt.** Aus der Sammlung des Herrn Schönichen zu Bernburg.

Gestieltes Bronzemesser mit geschweifter, an der Spitze nach aufwärts gebogener Klinge, in Kupfer nachgegossen. Der schmale Rücken der letzteren ist folgendermassen ornamentirt. Zunächst am Stielende sind einige quergestellte Parallellinien angebracht. Hierauf folgt eine Reihe von einmal gebrochenen Querlinien, an welche sich eine Gruppe von graden anschliesst. Dann kommt eine Reihe von 6 concentrischen Doppelkreisen, hierauf einige grade Querlinien und darnach 8 Gruppen in Zickzackform schräg zueinander gestellter Parallellinien, welche durch Querlinien abgeschlossen werden. Es folgen dann wieder 6 concentrische Doppelkreise und schliesslich auf eine Gruppe von graden Querlinien, einmal gebrochene Querlinien bis nahe zur Spitze hin. Beide Seitenflächen der Klinge sind durch 3 Zickzacklinien, welche durch 3 einfache Linien begrenzt werden und in einiger Entfernung von der Schneide mit derselben parallel verlaufen, sowie nahe dem Stiele mit 3 Reihen dreifacher concentrischer Kreise verziert. Der kurze rundliche grade abgeschnittene Stiel ist mit einigen quergestellten, ringsumlaufenden Linien, an deren innere Seite sich je ein schraffirtes Zickzackband anlegt, an seinem Ansatz sowohl wie an seiner Endigung begrenzt. Länge der Klinge: 21.5 Ctmtr.; Breite derselben: 2.2 Ctmtr.; Länge des Stiels: 2.6 Ctmtr.; Durchmesser desselben: 0.8 Ctmtr.

Im Herzogthum Anhalt gefunden.

19. (Kat.-No. II. 2691.) Fundort: Quickborn bei Meldorf in Dithmarschen, Holstein. Aus der Messner'schen Sammlung.

Fragment eines schmalen zweischneidigen, degenartigen Bronzeschwertes mit schmaler Schneide und sich scharf von derselben abhebenden Mittelrücken. Länge: 8 Ctmtr.; Breite: 1—1.8 Ctmtr.

Gefunden in einem Grabhügel bei Quickborn.

20 u. 21. (Kat.-No. II. 2692 u. 2693.) Fundort: Brickeln bei Meldorf in Dithmarschen, Holstein. Aus der Messner'schen Sammlung.

20. (Kat.-No. II. 2692.) Spitze eines zweischneidigen Dolches (?) mit schmalem Mittelgrat. Länge: 8.5 Ctmtr.; Breite: 2.4 Ctmtr.

21. (Kat.-No. II. 2693.) Zweischneidige Klinge eines kleinen Dolches oder Messers mit einfacher Rückenscheide und stark verbreiterter Heftplatte, an deren Rande Spuren von Nietlöchern erkennbar sind. Die Spitze ist lädirt. Gesammt-Länge: 10.5 Ctmtr.; Breite der Heftplatte: 3.4 Ctmtr.

Beide Stücke wurden in einem Grabhügel bei Brickeln in der Nähe von Meldorf in Dithmarschen, Holstein gefunden.

Tafel VII.

1 u. 2. (Kat.-No. II. 2683 u. II. 2566.) Fundort: Hastedt bei Meldorf in Dithmarschen, Holstein. Aus der Messner'schen Sammlung.

1. (Kat.-No. II. 2683.) Zweischneidiges Bronzeschwert mit lang ausgezogener, sich sehr allmälig verjüngender Spitze und mit Griffzunge, von welcher jedoch nur der Ansatz vorhanden ist. Die Klinge hat eine breite dünne, etwas hohl ausgekehlte Schneide und einen kräftigen abgerundeten Mittelgrat, mit einer feinen Längsrippe auf jeder Seite eingefasst. Die eine Seite ist fast ganz mit einer starken Patinaschicht bedeckt, welche ganz das Aussehen hat, als seien die feinen Härchen eines dichtbehaarten Felles in derselben hängen geblieben. Die Heftplatte hat auf jeder Seite 3 Nietlöcher; in einem derselben steckt noch ein Niet, drei andere sind so lose, dass sie beim Aufheben des Schwertes aus den Nietlöchern herausgleiten. Sie sind sämmtlich vierkantig, jedoch sind die Kanten zum Theil ein wenig abgestumpft. Länge der Klinge: 56 Ctmtr.; Breite derselben: 3,5 Ctmtr.; Länge der Heftplatte nebst dem Ansatze der Griffzunge: 4 Ctmtr.; Breite der Heftplatte: 5,2 Ctmtr.; Stärke der Niete: 0,25—0,3 Ctmtr.; Länge derselben: 1,1—1,2 Ctmtr.; Breite der Griffzunge: 2,3 Ctmtr.

2. (Kat.-No. II. 2566.) Goldener Armring von etwas ovaler Form, aus einem innen flachen, aussen abgerundeten und nach den Enden hin sich verjüngenden Stabe hergestellt. Quer über denselben verläuft nahe der Endigung eine Einkerbung. Durchmesser: 4 und 6 Ctmtr.; Stärke des Stabes: 0,3 Ctmtr.

Beide Gegenstände entstammen einem Grabhügel bei Hastedt und berichtet Messner in seinem handschriftlichen Katalog über die Auffindung Folgendes: „Der Hügel hatte, wie so viele andere, früher eine Einfassung von einem Steinkreise gehabt, hielt im Umkreise 140 Fuss und an Höhe 10 Fuss. Im Mittelpunkt des Hügels fand sich eine grosse Urne, worin eine kleinere stand. Südlich, etwa 1 Fuss tief, standen 3 Urnen und nördlich noch eine Urne. Alle 6 Urnen zerfielen. Der Inhalt war lediglich Asche und Knochen. Der Degen lag südwestlich, auf halber Höhe des Hügels, 3 Fuss tief. In seiner Begleitung fanden sich: ein Schleifstein und ein Paar Stücke von Metall, als: eine zerbrochene Nadel, ein Hemdsknopf und ein goldener Ring, an Gewicht circa 1 Loth. An der nördlichen Seite des Hügels, auf halber Höhe, 3 Fuss tief, fanden sich unter Steinen, Asche und Knochen 2 kleine spiralförmig gewundene goldene Drahtringe."

3—6. (Kat.-No. II. 2723, II. 2707, II. 2561, II. 2674.) Fundort: Egstede in Dithmarschen, Holstein. Aus der Messner'schen Sammlung.

3. (Kat.-No. II. 2723.) Bronzene zweischneidige Lanzenspitze mit nach innen bogenförmig ausgeschweiftem Blatt und bis zur Spitze durchgehender Schafthülse, in der noch Holzreste stecken. Auf jeder Seite derselben befindet sich ein Nietloch nahe unter der Ansatzstelle eines jeden der zwei seitlichen Flügel des Lanzenblattes und in gleicher Linie mit letzteren. Länge: 16 Ctmtr.; Länge des freien Endes der Hülse: 6 Ctmtr.; Durchmesser des Lumens derselben an der Mündung: 2 Ctmtr.

4. (Kat.-No. II. 2707.) Zweischneidige, bronzene, sanft geschweifte Klinge mit lang ausgezogener, sich sehr allmälig verjüngender Spitze und flachem, breitem, nach beiden Seiten abgedachtem Mittelrücken. Heftplatte und Griff fehlen. Länge der Klinge: 51 Ctmtr.; Breite derselben: 3 Ctmtr.

5. (Kat.-No. II. 2561.) Schmales Band aus dünnem Goldblech, in der Mitte mit einer Längsrippe und zu beiden Seiten der letzteren mit einer Reihe eingepunzter kleiner Buckeln verziert. Die Enden sind beiderseits schräg abgeschnitten und laufen in kleine schmale Spitzen aus. Länge desselben: 27 Ctmtr.; Breite: 1 Ctmtr.

6. (Kat.-No. II. 2674.) Bronzener Paalstab mit Schaftrinne und ringsumlaufendem Querwulst in der Mitte. Der Schneidentheil ist bogig ausgeschweift und an den mit erhöhten Rändern versehenen Seiten abgerundet. Die Schneide ist nach aussen bogenförmig. Der mittlere Theil ist mit einigen parallelen Querlinien, welche auf beiden Seiten mit kleinen Querstrichen eingefasst sind, verziert. An dem Endtheile der Schaftrinne haften noch einige Reste einer faserigen Masse, vielleicht Holz. Länge: 16 Ctmtr.; Länge der Schaftrinne: 6,2 Ctmtr.; Breite der Schneide: 3,5 Ctmtr.

Oben beschriebene 4 Gegenstände wurden bei Egstede in Dithmarschen in einem Grabhügel auf der Südostseite und in halber Höhe desselben, circa 6 Fuss tief, zwischen Asche und Knochen unter einem Steinhaufen bei einander gefunden.

7—11. (Kat.-No. II. 2563. 2564. 2565. II. 2673. II. 2705.) Fundort: Egstede in Dithmarschen, Holstein. S. a. Taf. XIV, 3. Aus der [Messner'schen?] Sammlung.

7. (Kat.-No. II. 2565.) Spirale aus feinem Golddraht, von 2—3 Ctmtr. Durchmesser.

8. (Kat.-No. II. 2564.) Eine andere ganz ähnliche goldene Drahtspirale von 2—3 Ctmtr. Durchmesser.

9. (Kat.-No. II. 2705.) Zweischneidiges Bronzeschwert mit geschweifter, schilfblattförmiger Klinge und massivem Bronzegriff. Letzterer ist von unten ovalem, oben mehr kreisförmigem Querschnitt und schliesst mit einem Knauf, welcher aus einer ovalen Platte mit grossem flachem Mittelknauf besteht. Letzterer, sowie die eine Seite des oberen Grifftheiles ist mit einer dicken porösen, durch Kupferoxyd grösstentheils grün, an einzelnen Stellen indess auch schwärzlich oder bräunlich gefärbten Masse bedeckt. Auf der Oberfläche der Platte sind nur einige dem Rande parallele Linien, welche als Ornament dienten, auf einer Strecke erkennbar. Der mittlere Theil des Griffes ist an beiden Enden und in der Mitte mit je einer Gruppe von 8—10 ringsumlaufenden schmalen Querrippen verziert, deren Zwischenräume mit je einer Reihe von 6 ineinandergehenden Spiralen ausgefüllt sind. Die Heftplatte ist sehr kräftig gebildet; der obere Contour halbkreisförmig, der untere mit drei schön geschwungenen bogenförmigen Ausschnitten, ähnlich Taf. IV, 20. Einige Doppellinien, am oberen Rande durch eine punktirte Linie verstärkt, heben die Contouren noch hervor. Vier kräftige Niete mit flachen [rundlich?] abgerundeten Köpfen, welche von einigen vertieften, zum Theil punktirten Randlinien eingefasst, zum Theil aber leider beschädigt sind, dienen zur Befestigung der Klinge in dem Griffe. Die Klinge selbst, an der Spitze defect, ist auf der einen Seite, welche auch der betreffenden Seite des Griffes entspricht, mit einer rauhen porösen meist durch Kupferoxyd grün, zum Theil aber dunkelgefärbten Masse bedeckt. Sie hat ziemlich breite Schneiden und einen abgerundeten Mittelgrat mit je drei Blutrinnen auf jeder Seite. Länge der Klinge 35 Ctmtr.; Breite derselben: 4,6 Ctmtr.; Länge des Griffes: 12,5 Ctmtr.

10. (Kat.-No. II. 2563.) Etwas ovaler goldener Reifen aus einem um seine Achse gedrehten kantigen, an den spiralig aufgerollten Enden rundem Stabe hergestellt. Durchmesser: 8 und 5 Ctmtr.; Stärke des Stabes: 3 Ctmtr.

11. (Kat.-No. II. 2673.) Bronzener Paalstab von ganz ähnlicher Form wie Fig. 6, nur grösser. Die Verzierungen sind ebenfalls ganz ähnlich, nur sind auf jeder Seite des Schaftendes die Querliniengruppen verdoppelt und zwischen dieselben zwei nebeneinanderstehende Spiralen eingeschoben. Auch sind die geschweiften Ränder des Schneidentheiles noch besonders durch von aussen nach innen gerichtete, mit den Rändern parallel laufende mehrfache Bogenlinien, welche zum Theil nur punktirt sind, hervorgehoben. Länge: 21 Ctmtr.; Länge der Schaftrinne: 8 Ctmtr.

Zu diesem Funde gehört auch das Taf. XIV, 3, abgebildete Bronzemesser (Kat.-No. II. 2747).

Das Schwert (Fig. 9) wurde nach Messners Bericht in seinem Kataloge bei Egstede „in einem Grabhügel mit einer Frauen (Paalstab, Fig. 11) 4 Drusen- oder Spiralknöpfen, einem Metallmesser (Taf. XIV. 3, Kat.-No. II. 2747), einer sehr grossen Nadel, einem Hütchen (Tutulus?) zusammen gefunden. Der Hügel war noch unberührt, 22 Fuss hoch und hielt im Umkreise 24 Ruthen. Die angeführten Sachen lagen auf halber Höhe des Hügels, südöstlich, 6 Fuss tief. In der Mitte des Hügels, 22 Fuss tief, lagen Steine, Asche, Knochen, und Holzkohlen und auf diesen 2 goldene spiralförmige Ringe (Kat.-No. II. 2564 und 2565, Fig. 7 und 8) und ein Dolch. Im Hügel, soweit ich denselben untersucht habe, war sonst ausser den angezeigten, sonst kein Stein zu finden, ausser dem dichten Steinkreise am Fusse des Hügels."

12 u. 13. (Kat.-No. II. 2560 u. 2711.) Fundort: Egstede in Dithmarschen, Holstein. Aus der Messner'schen Sammlung.

12. (Kat.-No. II. 2560.) Goldener Ring, geschlossen, aus einem mit 3 eingepunzten Punktreihen verzierten schmalen Blechstreifen hergestellt. Durchmesser: 2 Ctmtr.; Breite des Bandes: 0,5 Ctmtr.

13. (Kat.-No. II. 2711.) Zerbrochene Klinge eines zweischneidigen Bronzeschwertes mit flachem, abgerundetem Mittelgrat, der sich auf jeder Seite direct in die Schneide fortsetzt. Die Spitze fehlt, ebenso ist das obere Ende defect und nur ein Theil der Heftplatte vorhanden. Die Oberfläche ist zum grössten Theile mit einer dunkelgrünen Patina bedeckt. An einzelnen Stellen fehlt dieselbe jedoch und ist eine goldige Färbung bemerkbar, während eine frische Bruchfläche im oberen Theile der Klinge eine dunkelbraune, die Bruchfläche der Heftplatte die grüne Farbe des Kupferoxydes zeigt. Länge der Klinge: 41 Ctmtr.; Länge der Heftplatte: 2 Ctmtr.; Breite derselben: 3,2 Ctmtr.

Das Schwert wurde in dem Grunde eines Hügels zu Egstede unter Knochen und Asche zusammen mit dem goldenen Fingerringe (Kat.-No. II. 2560, Fig. 12) gefunden.

14. (Kat.-No. II. 2666.) Fundort: Egstede in Dithmarschen, Holstein. Aus der Messner'schen Sammlung.

Stark oxydirter Bronzepaalstab mit Schaftrinnen, welche bis zur Mitte reichen und hier durch Querwände abgeschlossen werden. Das Schaftende ist rechtwinkelig gradlinig abgeschnitten. Der Schneidentheil ist mit 2 dem Rande parallel laufenden Furchen verziert. Die Schneide ist etwas defect. Länge des Paalstabes: 15 Ctmtr.; Länge des Schaftendes 7 Ctmtr.; Breite der Schneide: 3,5 Ctmtr.

„Gefunden in Begleitung eines Stosskegens in einem Hügel zu Egstede, worin auch eine Urne stand. In der Urne lag mehreres verschmolzenes Metall nebst Asche und Knochen." (Notiz des Messner'schen Kataloges.)

Tafel VIII.

1. Fundort: Unbekannt, wahrscheinlich Holstein.

Unterer Theil eines vierkantigen ausgekehlten Schwertknaufes mit rautenförmigem Querschnitt, zu welchem ein ebenfalls vierkantiger quergerippter Grifftheil gehört. Obere Seitenlänge des Knaufes: 3,2 Ctmtr.

2. (Kat.-No. II. 2703.) Fundort: Egstede in Dithmarschen, Holstein. Aus der Messner'schen Sammlung.

Zweischneidiges, in 4 Stücke zerbrochenes Bronzeschwert mit langausgezogener Spitze und breiter Griffzunge. Die Klinge ist mit einem sehr flachen Mittelgrat versehen, der zu beiden Seiten von einer einfachen feinen Blutrinne eingefasst wird. Die etwas verbreiterte, leider defecte Heftplatte hatte 6 Nietlöcher, die Griffzunge 2, eines an dem oberen Ende, in welchem sich noch ein vierkantiger Niet befindet und das zweite an der Basis, der Ansatzstelle der Heftplatte. Die Griffzunge ist in der Mitte ein wenig ausgebaucht und an dem verbreiterten Ende bogenförmig ausgeschnitten. Das ganze Schwert ist mit einer dicken hellgrünen Patina bedeckt, welche auf beiden Seiten, auf der einen jedoch mehr, dasselbe faserige Aussehen hat, als seien die feinen Haare eines Thierfelles in derselben incrustirt, wie dies bereits bei dem auf Taf. VII, 1 abgebildeten beschrieben wurde. Länge der Klinge: 54 Ctmtr.; Breite derselben: 3 Ctmtr.; Länge des Griffes: 10 Ctmtr.; Länge des in der Griffzunge befindlichen Nietes: 2,8 Ctmtr.; Stärke desselben: 0,3 Ctmtr.

Nach Messner's Bericht zu Egstede gefunden: „in dem „schwarten (schwarzen) Berg" zusammen mit einem goldenen spiralförmigen Ringe, einer Nadel und 2 sogenannten Hemdsknöpfen. Letztere dürften dem Degengehänge angehört haben, denn nur bei einem Degen habe ich sie oft gefunden."

3. (Kat.-No. II. 6592.) Fundort: Bornhöved bei Segeberg, Holstein.

Zweischneidiges, in 2 Stücke zerbrochenes Bronzeschwert mit Griffzunge. Die etwas geschweifte schilfblattförmige Klinge hat auf jeder Seite einen schmalen abgerundeten Mittelgrat, der von 2 feinen Längsrippen eingefasst ist. An der Spitze ist dieselbe etwas defect. Die wenig verbreiterte Heftplatte hat 4 Nietlöcher, die Griffzunge ebenfalls deren vier. Das ganze Schwert ist mit einer hellgrünen, zum Theil glänzenden Patina bedeckt. Die Bruchflächen sind alt. Länge der Klinge: 49 Ctmtr.; Breite derselben: 3,6 Ctmtr.; Länge des Griffes: 9,8 Ctmtr.

Wahrscheinlich in einem Grabe gefunden.

4. (Kat.-No. II. 2684.) Fundort: Egstede in Dithmarschen, Holstein. Aus der Messner'schen Sammlung.

Zweischneidiges, in mehrere Stücke zerbrochenes Bronzeschwert mit Knauf. Die an der Spitze defecte Klinge hat einen breiten runden Mittelrücken. Die lädirte Heftplatte ist, nach den Spuren zu urtheilen, mit 4 Nietlöchern versehen gewesen und scheint sich in eine Griffzunge fortzusetzen. Der Knauf besteht zunächst aus einer ovalen Platte mit länglichem Mittelknopf, welche durch einen nach unten ragenden Zapfen in Form einer durchbohrten schmalen viereckigen Platte mittels eines starken vierkantigen Nietes, von dem noch ein Fragment in dem Nietloche steckt, mit dem Griff verbunden war. Eine ovale seichte Vertiefung auf der unteren Fläche der Knaufplatte diente zur Aufnahme des oberen Griffendes. Dieselbe ist ebenso wie der erwähnte Zapfen mit einer dicken Schicht einer anscheinend homogenen bröckeligen Masse von dunkelbrauner Farbe (wahrscheinlich Harz) bedeckt. Der Knauf ist eine ganz kunstlose Gussarbeit. Ob Ornamente vorhanden sind, lässt sich nicht mit Sicherheit entscheiden, da die Oberfläche der Knaufplatte dicht mit einer starken, zum Theil sehr porösen Patinaschicht bedeckt ist, welche nur an einer Stelle den Rand frei lässt. Länge der Klinge: 44 Ctmtr.; Breite derselben: 3,2 Ctmtr.; Länge der Heftplatte: 4 Ctmtr.; Durchmesser der Knaufplatte: 4,8 und 4,2 Ctmtr.; Länge des Zapfens: 1,8 Ctmtr.; Breite desselben: 1 Ctmtr.; Stärke des Nietes: 4 Ctmtr.

„Gefunden in einem Grabhügel bei Egstede."

5. (Kat.-No. II. 2701.) Fundort: Frestedt bei Meldorf, Holstein. Aus der Messner'schen Sammlung.

Zweischneidiges Bronzeschwert mit sanft geschweifter Klinge und Griffzunge. Die Spitze der Klinge, leider etwas defect, ist lang ausgezogen, die Klinge selbst mit einem stumpfkantig von der schmalen Schneide abgesetzten flachen Mittelrücken versehen. Die Heftplatte, ebenfalls beschädigt, hatte 4 Nietlöcher. Die breite Griffzunge, deren oberes Ende fehlt, war ebenfalls mehrmals durchbohrt. Länge der Klinge: 47,5 Ctmtr.; Breite derselben: 3,5 Ctmtr.; Länge der Heftplatte: 5 Ctmtr.

„Gefunden in einem Grabhügel bei Frestedt."

6. (Kat.-No. II. 2715.) Fundort: Gross-Rade bei Meldorf, Holstein. Aus der Messner'schen Sammlung.

Fragmente einer sehr breiten, zweischneidigen bronzenen Schwertklinge mit glattem und sehr breitem, flach abgerundetem Mittelrücken. Die sehr dicke Patina zeigt an manchen Stellen dieselbe faserige, haarähnliche Oberflächenstructur, wie Fig. 2. Breite der Klinge: 4,3 Ctmtr.

„Gefunden in einem Hügel bei Grossen-Rade."

7. Fundort: Unbekannt.

Mit sehr rauher Patina bedeckte Spitze einer zweischneidigen glatten Bronzeschwertklinge. Länge: 90 Ctmtr.

8. Fundort: Unbekannt.

Fragment einer Griffzunge von einem Bronzeschwerte.

9. Fundort: Unbekannt, wahrscheinlich Holstein.

Grifftheil eines kleinen einschneidigen Bronzemesserchens mit vierkantigem, feingeripptem Griff und rautenförmiger Knaufplatte, deren Ränder mit sehr feinen schrägen Rippen und deren obere Fläche mit einigen feinen, den Rändern parallelen Linien und einem ebenfalls rautenförmigen Mittelknopf versehen ist. Klinge und Griff des Messers sind in einem Stück gegossen. Länge: 3,7 Ctmtr.

10. (Kat.-No. II. 2701.) Fundort: Bei der Hohenhörner Mühle in Dithmarschen, Holstein. Aus der Messner'schen Sammlung.

Zweischneidiges Bronzeschwert mit Knauf. Die Klinge hat einen sehr starken abgerundeten Mittelrücken, welcher auf dem Griffende auf jeder Seite von einer feinen Blutrinne eingefasst ist. Die sehr defecte dünne Heftplatte hatte 4 oder 6 Nietlöcher. Ein Fragment von einem rundlich geformten Niete ist erhalten. Der Knauf bildete eine flache gegossene Kapsel mit horizontal vorspringendem, abgerundetem Rande, welche direct auf die aus feinfaserigem Holze geschnitzte, runde Verschalung des Griffes aufgesteckt und vielleicht durch Leim oder eine Kittmasse auf derselben befestigt war. An der inneren Seitenfläche des Knaufes hängen noch einige Reste von dem Holzgriff. Ornamente sind wegen der dicken porösen Oxydkruste auf dem

Knaufe nicht sicher zu erkennen. Anscheinend war die Seitenwand aussen quergerippt. Länge der Klinge: 40,5 Ctmtr.; Breite derselben: 2,8 Ctmtr.; Länge der Heftplatte: 2,5 Ctmtr.; Stärke des Nietes: 0,3 Ctmtr.; Durchmesser des Knaufes: 3 und 3,2 Ctmtr.; Höhe desselben: 1,4 Ctmtr.

„Gefunden in einem Grabhügel bei der Hohenhörner Mühle."

11. (Kat.-No. II. 2085.) Fundort: Frestedt bei Meldorf in Dithmarschen, Holstein. Aus der Messner'schen Sammlung.

Zweischneidiges Bronzeschwert mit Knauf und etwas geschweifter schilfblattförmiger Klinge. Die Spitze fehlt. Ein abgerundeter, ziemlich starker Mittelgrat, auf jeder Seite von 4 Längsrippen eingefasst, verläuft in der Mitte der Klinge. Dieselbe ist mit dem Griff durch 5 Niete, welche die Heftplatte durchbohren, befestigt und verlängert sich in einen rundlichen Griffdorn, welcher mit dem Knauf zusammenhängt. Der Griff selbst bestand aus folgenden, ziemlich selbstständig gehaltenen 3 Theilen. Der hohlgegossene Basaltheil, welcher die Heftplatte der Klinge umfasst, hat an seinem unteren Rande 3 bogige Ausschnitte, von denen der mittlere nahezu einen Kreis bildet und nur unten eine kleine Oeffnung lässt, ähnlich Taf. IV. 20, Taf. VII. 9, Taf. VIII. 13 u. Taf. IX, 27. Seine Oberfläche ist mit tiefen Rinnen versehen, wahrscheinlich um eine farbige Masse aufzunehmen. Von den 5 Nieten sind nur einige Köpfe erhalten, welche einfach flach gehämmert zu sein scheinen. Auf diesen Basaltheil, der oben in den eigentlichen Grifftheil übergeht und dessen Querschnitt hier eine Raute mit bogigen Seiten und abgerundeten Ecken, nahezu ein Oval, bildet, folgte wahrscheinlich eine Verschalung des Griffdorns, welche nach einigen schwachen, der Innenfläche des Knaufs anhängenden Spuren zu urtheilen, aus Holz oder einem andern ähnlichen feinfaserigen Material bestand und sich bis tief in den ebenfalls hohlgegossenen Knauf fortsetzte. Letzterer besteht aus einem unteren mehr röhrenförmigen Theile, ganz ähnlich dem oberen Ende des Basaltheiles geformt, und der mit ihrem unten zahnartig gefranzten Rande vorspringenden Knaufplatte. Abgesehen davon, dass derselbe etwas kleiner ist, gleicht er ganz dem auf Taf. IV. 4 abgebildeten, wie auch die ganze Bildung des Griffes eine ähnliche gewesen zu sein scheint. Nur besteht hier noch der Unterschied, dass der Mittelknopf der Knaufplatte ohne Verzierung ist und nur die einfach breitgeklopfte Endigung des Griffdorns zu sein scheint, ausserdem aber die Platte selbst an 3 Stellen durchbrochen ist. Es bilden nämlich die Centren von dreien der den Mittelknopf umgebenden Ringe runde Durchbohrungen, welche wahrscheinlich zur Aufnahme von Stiften dienten, um durch dieselben den Griff noch mehr zu befestigen. Ferner sind bei Taf. IV. 4 die oberen Flächen der Ringe verziert, die Centren nur wenig vertieft, während hier die entsprechenden Flächen unverziert und die Centren, welche nicht durchbrochen sind, ziemlich stark vertieft sind. Es dürfte deshalb vielleicht anzunehmen sein, dass die in den Griff eingelassenen Stifte den Nietköpfen ähnliche Köpfe hatten und in gleicher Weise die übrigen Ringe mit kleinen Buckeln verdeckt waren. Länge der Klinge: 35 Ctmtr.; Breite derselben: 3,2 Ctmtr.; Länge des Griffs 9,5 Ctmtr.; Länge des Basaltheiles: 4,5 Ctmtr.; des mittleren Theiles: 2,5 Ctmtr.; Höhe des Knaufes: 2,5 Ctmtr.; Durchmesser des Knaufes: 3,2 u. 2,7 Ctmtr.; Seitenlänge: 2,7 Ctmtr.

„Gefunden in einem Grabhügel zu Frestedt."

12a, 12b u. 12c. (Kat.-No. II. 2348.) Fundort: Lundsmark auf Seeland, Dänemark. Von Herrn Henriquez in Kopenhagen erworben.

12a. Zweischneidiges, in mehrere Stücke zerbrochenes Bronzeschwert mit Griffzunge. Die Spitze fehlt. Die ziemlich dünne Klinge hat einen flachen abgerundeten Mittelrücken. Die etwas verbreiterte Heftplatte hat 4 Nietlöcher, in deren einem sich noch das Fragment eines vierkantigen Nietes befindet. Die Griffzunge ist mit 3 Nietlöchern versehen. Das Schwert ist mit grüner Patina bedeckt und zeigt auf beiden Seiten jene mehrfach erwähnte (Taf. VII, 1 und VIII, 2 u. 6) faserige haarähnliche Structur. Länge der Klinge: 35 Ctmtr.; Breite derselben: 2,6—3 Ctmtr.; Länge des Griffes: 9 Ctmtr.; Breite der Griffzunge in der Mitte: 2 Ctmtr.

12b. ist ein sehr zusammengetrocknetes Stück Baumrinde von 7,5 Ctmtr. Länge und 1,7 Ctmtr. Breite; 12c. ein Stück eines fein behaarten Felles von ca. 8,5 Ctmtr. Länge und 2 Ctmtr. Breite. Die Baumrinde zeigt an der Innenseite einige vertiefte mit grüner Patina bedeckte Stellen. Der Rest von dem Fell, welches auf beiden Seiten gradlinig beschnitten gewesen zu sein scheint, ist braun gefärbt und hart getrocknet. Die Haare haben eine gelbliche ins grünliche spielende Farbe, ähnlich den oben erwähnten Stellen auf der Oberfläche der Klinge mit faseriger, haarähnlicher Structur, so dass es den Anschein hat, als seien jene Stellen eine Art von natürlichem Abdruck eines solchen Felles. Demnach dürften die vorliegenden Stücke vielleicht als Theile der aus Baumrinde hergestellten Scheide sein, deren Innenseite wahrscheinlich mit dem mit der Haarseite nach innen gewandten Fell ausgefüttert war.*)

Ueber die Art und Weise der Auffindung ist nichts Näheres angegeben.

13. Fundort: Unbekannt, wahrscheinlich Dänemark (Seeland?).

Zweischneidiges Bronzeschwert, in 3 Stücke zerbrochen, mit Bronzegriff. Die Spitze fehlt. Die Klinge zeigt 2 feine Blutrinnen, welche den flachen Mittelrücken begrenzen. Der Griff hat im Ganzen eine ähnliche Form, wie Taf. II Fig. 11, nur ist die Bildung des Basaltheiles mit 3 bogigen Ausschnitten Fig. 11 dieser Tafel und den dort genannten ähnlich. 5 Niete, in ähnlicher Weise, wie bei Fig. 11, angeordnet, befestigen denselben auf der Heftplatte, während die in einen Griffdorn auslaufende Klinge den Griff durchsetzt und auf der Knaufplatte den Mittelknopf bildet, der hier jedoch leider fortgeschliffen ist. Der eigentliche Grifftheil hat unten einen flachovalen Querschnitt, der gegen die rautenförmige Knaufplatte ebenfalls allmälig mehr eine viereckige Form annimmt; die Kanten sind jedoch bei dem Griff wie bei dem Knauf abgestumpft. Die untere Partie des Letzteren ist von dem Grifftheil durch nach unten ragende, bogenförmig ausgeschnittene Zacken, ähnlich den Fig. 11 und Taf. IV, 4 abgebildeten Knäufen, abgegrenzt. Die zahlreichen, etwa 2 Millimeter breiten und ungefähr 1 Millimeter tiefen Quereinschnitte, mit denen der Griff versehen ist, waren mit einer tiefschwarzen glänzenden Masse von anthracitähnlichem Ansehen ausgefüllt, von der noch vielfach deutlich erkennbare Spuren vorhanden sind. Die etwas vorspringende Knaufplatte hat einen dicken unverzierten Rand und ist auf ihrer durch Schleifen der Patina zum grössten Theil beraubten Oberfläche nur mit 6 rundlichen Vertiefungen versehen, welche in ähnlicher Weise, wie bei Fig. 11 dieser Tafel und Taf. IV, 4 die erwähnten ringförmigen Leisten angeordnet sind. Die deutlich erkennbare Endigung des Griffdorns scheint einen rautenförmigen Mittelknopf gebildet zu haben. Die zu dem Griff wie zu der Klinge verwendete Bronze hat eine helle goldige Farbe. Länge der Klinge: 28 Ctmtr.; Breite derselben: 3,5 Ctmtr.; Länge des Griffes: 11 Ctmtr.; Höhe des Knaufes: 1,5 Ctmtr.; Seitenlänge desselben: 2,5 Ctmtr.**)

14. (Kat.-No. II. 2700.) Fundort: Oersdorf in Dithmarschen, Holstein. Aus der Messner'schen Sammlung.

Zweischneidiges, in mehrere Stücke zerbrochenes Bronzeschwert mit Bronzegriff. Die Spitze ist defect. Die Klinge hat einen kräftigen abgerundeten Mittelrücken; 4 Niete mit rundlichen Köpfen verbinden den Griff mit der Heftplatte. Der Basaltheil des letzteren ist, ähnlich dem vorigen, mit 3 bogenförmigen Ausschnitten versehen. Der eigentliche Griff hat unten einen flach ovalen, oben mehr rundlichen Querschnitt. Der flache Knauf bildet eine schräg nach oben stark vorspringende, dicke, ovale, nahezu kreisrunde Platte, welche oben flach und mit einem halbkugeligen Mittelknopf versehen ist, in dessen Centrum sich noch die Endigung des Griffdorns unschwer erkennen lässt. Die Verzierungen bestehen aus quergerippten wellenförmigen Bandornamenten, welche an dem die Heftplatte umfassenden Theil die Nietköpfe einfassen, an dem eigentlichen Grifftheil aber, welcher oben und unten durch vier schmale, ebenfalls durch schmale Bänder getrennte Querfurchen begrenzt wird, auf der Vorder- wie auf der Rückseite 3 Reihen von je 4 aus mehreren concentrischen Kreisen bestehenden Centren theils in Form von Spiralen umschlingen, theils einfach bogenförmig umfassen. Die Räume, welche sie zwischen sich freilassen, sind grubenförmig vertieft und enthalten auf dem Grunde

*) Ueber ähnliche Funde vergl. Handelmann: Die amtlichen Ausgrabungen auf Sylt. Kiel 1873. S. 34.

**) Ein ganz ähnliches Schwert ist abgebildet bei Montelius: Sur les poignées des épées et des poignards en bronze. S. 7. Fig. 7.

dieser Vertiefungen Reste von feinfaserigem Holz, das von der Patina grün gefärbt ist. Da diese Holzreste nicht über die scharf abgegrenzten Ränder der Vertiefungen hinausgehen, die Grundflächen derselben aber meistens vollständig bedecken, ausserdem aber ihre Faserungen nur in den einzelnen Vertiefungen in gleicher Richtung, sonst aber in sehr verschiedenen Richtungen verlaufen und nicht nur auf der Vorder- und Rückseite des Griffes, sondern auch auf der oberen Fläche der Knaufplatte sich in ähnlicher Weise vorfinden, so ist nicht anzunehmen, dass dieselben ursprünglich Bestandtheile der Scheide oder eines anderen beigegebenen hölzernen Geräthes sein möchten und nur zufällig an diesen Stellen durch die Patina angeklebt seien, sondern man darf wohl mit Sicherheit behaupten, dass dieselben Reste von Einlegungen bilden, ähnlich den bei dem vorigen Schwerte beschriebenen Ausfüllungen der Vertiefungen mit schwarzem Material. Die obere Fläche der Knaufplatte ist mit einem aus 8 in ähnlicher Weise, wie am Griff, gebildeten Spiralen bestehenden Kranze verziert, welcher den Mittelknopf umschliesst und aussen durch eine schmale Furche begrenzt wird. Wie schon erwähnt, sind auch hier die freigelassenen Zwischenräume vertieft und mit eingepassten Holzplättchen ausgefüllt gewesen. Die untere Seite des Knaufes ist am Rande mit nach aussen geöffneten dreifachen Bogenlinien verziert, ähnlich wie bei dem Taf. IV, 21 abgebildeten Exemplare von Stechow bei Rathenow. Länge der Klinge: 35 Ctmtr.; Breite derselben: 3,6 Ctmtr.; Länge des Griffes: 12 Ctmtr.; Durchmesser der Knaufplatte: 4,2 und 4 Ctmtr.; Höhe des Knaufes: 2 Ctmtr.

Ueber dieses Schwert findet sich in Messner's Katalog folgende Notiz: „Ein Degen, mit einem anderen Degen, einer Pfeilspitze und einer Framea (Paalstab) in einem grossen schönen Grabhügel gefunden.“

15. Fundort: Unbekannt, wahrscheinlich Dänemark (Seeland?)

Zweischneidige, in mehrere Stücke zerbrochene Klinge eines Bronzeschwertes mit defectem Griffdorn. Die Spitze fehlt; ein flacher abgerundeter Mittelgrat, von 2 feinen Längsrippen eingefasst, verläuft der ganzen Länge nach. Am Grifftheil, nahe der Heftplatte, haften grünlich gefärbte Reste von feinfaserigem Holze, wahrscheinlich von der Scheide herrührend, auf der Patina. Die Heftplatte ist unten durch einen erhaben geformten Bogen begrenzt, der am oberen Rande mit einem breiten Ausschnitt versehen ist, um den an dem flachen prismatischen Griffdorn befestigten Griff aufzunehmen. Länge der Klinge: 41 Ctmtr.; Breite derselben: 4 Ctmtr.; Länge der Heftplatte und des Griffdornrestes: 4,8 Ctmtr.

16. Fundort: Unbekannt.

Fragment einer sehr schmalen zweischneidigen geraden Klinge eines Bronzeschwertes mit stark an den Seiten sich abhebendem, oben ganz flachem Mittelrücken. Länge: 47 Ctmtr.; Breite: 2,8 Ctmtr.

Tafel IX.

1—5. (Kat.-No. II. 2702. II. 2770. II. 2571. II. 2572. II. 2759.) Fundort: Brickeln bei Meldorf in Dithmarschen, Holstein. Aus der Messner'schen Sammlung.

1. (Kat.-No. II. 2702.) Stark oxydirte, in 2 Stücke zerbrochene zweischneidige Klinge eines Bronzedolches mit Griffdorn und einfacher Rückenscheide. Die Spitze der Klinge, sowie die Endigung des Griffdorns sind defect. Länge der Klinge: 16 Ctmtr.; Breite derselben: 3 Ctmtr.; Länge des Griffs: 6 Ctmtr.

2. (Kat.-No. II. 2770.) Ein in mehrere Stücke zerbrochener, offener, nach den Endigungen zu sich verjüngender, spiralig gerippter Bronze-Halsring. Stärke des Stabes: 0,5 Ctmtr.; Weite des Ringes: etwa 13 Ctmtr.

3 und 4. (Kat.-No. II. 2571 u. 2572.) Zwei spiralig gewundene Ringe aus Golddraht. Weite derselben: 2—3 Ctmtr.; Stärke des Drahtes: 0,1 Ctmtr.

5. (Kat.-No. II. 2759.) Spiralig gewundener Ring aus Bronzedraht. Weite desselben: 3 Ctmtr.; Stärke des Drahtes: 0,2 Ctmtr.

Messner berichtet über die Auffindung obiger Stücke Folgendes: „.... gefunden zu Osten-Brickeln in einem Grabhügel. Auf der Südseite des Hügels, ein Drittel der Höhe von unten auf, fand sich etwa 1 Fuss tief ein Steinhaufen, circa 2 Fuss dick, 9 Fuss lang und 4 Fuss breit. In der Mitte dieses Steinhaufens fanden sich Asche und Knochen, sowie Holzkohlen, dazwischen ein kleines Stück Metall, ein Metallmesser und ein Degen (Fig. 1). Der Degen lag mit der Spitze nach Osten. In der Mitte, im Grunde des Hügels, lag noch ein grosser Metallring (Fig. 2) und zwei goldene Ringe (Fig. 3 u. 4). In der Mitte des Hügels, etwa 4 Fuss tief, in blosser Erde wurde noch ein zweiter Metallring (Fig. 5) gefunden."

„.... Die Ringe von Bronze findet man in der Regel in den Urnen selbst zwischen der Asche und den Knochen. In Begleitung findet man wohl eine kleine Zange, eine oder ein Paar Nadeln, ein Metallmesser oder Perlen von Bernstein. Die kleinen spiralförmig gewundenen goldenen Drahtringe liegen fast allemal paarweise; dahingegen der grössere goldene Armring allein, jedoch allemal in Gesellschaft der Waffen und oft mit jenen in einem Hügel."

6a, 6b und 7. (Kat.-No. II. 2714 u. II. 2615.) Fundort: Hindorf bei Meldorf in Dithmarschen, Holstein. Aus der Messner'schen Sammlung.

6a und 6b. (Kat.-No. II. 2714.) Bruchstück einer zweischneidigen Bronzeklinge mit breitem runden Mittelrücken. Länge: 14 Ctmtr.; Breite: 2,7 Ctmtr.

Der dazu gehörige Knauf (Fig. 6b) ist oval-cylindrisch und hohl. Die flache, am Rande überstehende Knaufplatte mit ovalem Mittelknopf lässt noch die Spuren von concentrischen Kreisen erkennen, welche letzteren kranzförmig umgaben. Der untere cylindrische Theil des Knaufs ist unterhalb der Platte mit einem erhabenen flachen Wulste eingefasst und zeigt auf der Innenseite die Abdrücke und, wie es scheint, schwärzlich gefärbten Reste von dem aus Holz oder Horn gefertigten Griffe. Höhe des Knaufs: 2,5 Ctmtr.; Durchmesser der Knaufplatte: 4 und 3,5 Ctmtr.

7. (Kat.-No. II. 2615.) Gestielte Lanzenspitze (Dolch? Messer?) mit breitem Blatt aus hellgrauem Feuerstein. Länge des Blattes: 8,5 Ctmtr.; Breite desselben: 4,5 Ctmtr.; Länge des Stieles: 6,5 Ctmtr.; Breite desselben: 2,5 Ctmtr.; Stärke desselben: 1 Ctmtr.; Gesammtlänge: 15 Ctmtr.

„Aus einem Grabhügel zu Osten-Hindorf. Anlage: ein steinernes Messer." (Messner's Katalog.)

8 und 9. (Kat.-No. II. 2690 u. II. 2640.) Fundort: Rade bei Meldorf in Dithmarschen, Holstein. Aus der Messner'schen Sammlung.

8. (Kat.-No. II. 2690.) Bruchstück einer schmalen zweischneidigen bronzenen Schwertklinge mit einfacher Rückenschneide. Länge: 8,5 Ctmtr.; Breite: 2,4 Ctmtr.

9. (Kat.-No. II. 2640.) Halbmondförmiges (sichelförmiges) Messer aus hellgrauem Feuerstein. Länge: 16 Ctmtr.; Breite: 4,4 Ctmtr.

Von den zu diesem Funde gehörigen Stücken II. 2641 und 2642 ist das letztere von gleicher Form und demselben Material, wie II. 2640, nur ist es etwas kleiner (Länge: 13,5 Ctmtr.; Breite: 4 Ctmtr.). II. 2641 dagegen ist eine aus einem starken, etwas gekrümmten Feuersteinspane von dunkelgrauer Farbe hergestellte Lanzenspitze von kleineren Dimensionen mit breitem, wenig ausgearbeitetem Stiele. Länge: 10,5 Ctmtr.; Breite des Blattes: 3 Ctmtr.; Breite des Stieles: 2,5 Ctmtr.; Stärke desselben: 0,5 Ctmtr.

„Gefunden in einem Hügel am Fusssteige von Burg nach Rade, südlich von dem Wasserlauf, östlich des Steiges, zusammen mit 3 sichelförmigen Messern und einer zerfallenen Urne. Alles dieses wurde gefunden mitten in einer längst zerstörten Opferaltarstätte und sind diese 3 Messer die einzigen in ihrer Art, die ich je gefunden habe. Vielleicht dürfte man es wagen anzunehmen, dass der Ort, wo ich die Messer fand, ein geheiligter Ort der Hertha oder Grabstätte eines ihrer Priester war. Vorbenannte steinerne Waffen und Geräthe dürften den Urbewohnern des Landes angehören. Ich habe zu mehreren Malen die Reste eines Degens in ihrer Begleitung gefunden und dann auch nur den Knopf oder einzelne Stücke erhalten können, weil derselbe von Bronze und fast immer ganz verkalkt war und zerfiel. Man findet übrigens solche Steinsachen und Geräthe nie sicherer als in oder neben Felsengräbern, Stein- oder Riesenbetten oder Opferheerden."

Seite 44 des handschriftlichen Katalogs findet sich nachstehende Beschreibung des Opferheerdes:

„Grossenrade, den 1. Mai 1791.

Zu Norden dem Dorfe Grossenrade befindet sich folgendes Alterthum, welches im Heidenthum zu Religionsgebräuchen gedient zu haben scheint. Es liegen dort nämlich zwei in der Volkssprache sogenannte Steinbetten. Diese beiden Betten laufen gerade von Ost nach West und geben folgende Ansicht. Das Aeussere ist mit grossen circa 4 Fuss hohen Felsen so dicht, dass Fels an Fels steht, umsetzt, welche etwa 1—2 Fuss aus der Erde hervorragen und deren platte Seiten allemal nach inwendig gesetzt sind. In der Mitte sind diese beiden Betten gleichsam mit einem Gange, an beiden Seiten durch Felsen besetzt, getheilt, welcher Gang 6 Fuss breit und im Ganzen 24 Fuss lang ist. Und liegt recht in der Mitte in jedem der beiden Betten ein grosser runder platter Stein, welcher auf den Gangsteinen ruht. Dieser Stein misst im Durchschnitt auf der oberen platten Seite 9 Fuss. Der Stein auf dem nördlichen Bette fällt in der Mitte hohl, so dass fast immer vom Thau und Regen Wasser darauf steht. Der Südliche ist fast ganz flach. Vielleicht ward auf dem Nördlichen das Opfer getödtet und auf dem Südlichen verbrannt. Die übrigen inwendigen Räume bestehen bloss aus Erde und halten an Mass zwischen den Steinen circa 16 Fuss.

N.-S. Dieses schöne Alterthum ist späterhin verschwunden. Die Steine sind verbraucht worden und sind jetzt nur wenig Spuren mehr davon vorhanden."

Nach der hierzu gehörigen Zeichnung sind die beschriebenen Alterthümer sogenannte Hünen- oder Riesenbetten (Dänisch: Langdysse) und beträgt ihre Länge 8 Ruthen (circa 31 Meter), ihre Entfernung von einander 5 Ruthen 5 Fuss (circa 21 Meter).

10. (Kat.-No. II. 2679.) Fundort: Buchholz in Dithmarschen, Holstein. Aus der Messner'schen Sammlung.

Zweischneidige, geschweifte, schilfblattförmige Klinge eines Bronzeschwertes mit flachem, von 2 Blutrinnen eingefassten, Mittelgrat. Die lang ausgezogene Spitze ist defect; ebenso fehlt ein Theil des Randes der mit Nietlöchern versehenen, ziemlich breiten Heftplatte. Länge der Klinge: 55,5 Ctmtr.; Breite derselben: 3,5 Ctmtr.; Länge der Heftplatte: 2,5 Ctmtr.

Ueber die Fundumstände enthält Messner's Katalog folgende Notiz:

„Gefunden in einem länglichen Steingrabe oben an der Südostseite des Stutenberges mit der „Asche“ eines unverbrannten menschlichen Körpers. Am Fusse desselben Berges, an der Südostseite, stand eine zweihenkelige Urne „eingemauert“, in der sich ausser Asche und Knochen eine Zange und eine Nadel fanden.“

11. (Kat.-No. II. 2708.) Fundort: Buchholz in Dithmarschen, Holstein. Aus der Messner'schen Sammlung.

Sehr schmale und dünne zweischneidige Bronzedolchklinge, an der Spitze defect, mit einfacher Rückenscheide und stark verbreiterter Heftplatte, in welcher sich 3 Nietlöcher befinden. Zwei der rundlichen Niete sind erhalten. Länge der Klinge: 19,6 Ctmtr.; mittlere Breite derselben: 1,5 Ctmtr.; Länge der Heftplatte: 2,6 Ctmtr.; grösste Breite derselben: 3,3 Ctmtr.; Länge der Niete: 1,4 Ctmtr.; Stärke derselben: 0,4 Ctmtr.

Hiermit zusammen wurde eine an der Spitze defecte Bronzelanzenspitze mit einer bis zur Spitze durchgehenden Schafthülse (Kat.-No. II. 2724.) gefunden. In letzterer befinden sich in gleicher Linie mit den Flügeln zwei Nietlöcher und ist dieselbe mit einigen circulären vertieften, schon im Gusse hergestellten Linien am unteren Ende, in der Höhe der Nietlöcher und nahe unter den Ansätzen der beiden Flügel versehen. Ebenso sind die runden Nietlöcher selbst durch einige concentrische Linien, parallel den Contouren, eingefasst. In dem oberen Abschnitte der Schafthülse befinden sich noch einige faserige, durch die Patina grünlich gefärbte Holzreste, während die dem unteren Theile an der Innenfläche eine etwa 0,5 Ctmtr. starke Schicht einer bräunlich schwärzlichen Materie aufgelagert ist, welche ein harzähnliches Ansehen hat und wahrscheinlich zur Befestigung des Schaftes diente. Da auch die Nietlöcher mit dieser Masse verklebt sind, so ist anzunehmen, dass die Spitze nicht mit Nieten, sondern nur mit dieser Masse auf dem Schafte befestigt war. Länge der Lanzenspitze: 13,5 Ctmtr.; Länge des freien Endes der Schafthülse: 4 Ctmtr.; Durchmesser derselben: 2 Ctmtr.; grösste Breite des Blattes: 3,7 Ctmtr.

„Gefunden hinterm Norderholz in einem Grenzberge. Beilage: ein Paar kleine Nadeln und eine Pfeilspitze“ (Messner's Katalog, in welchem Fig. 11 [Kat. No. II. 2708.] als Lanzenspitze und die mitgefundene Lanzenspitze [Kat.-No. II. 2724.] als „Pfeilspitze“ declarirt ist).

12. (Kat.-No. II. 2096.) Fundort: Gegend von Burg in Dithmarschen, Holstein. Aus der Messner'schen Sammlung.

Schmale zweischneidige Klinge eines Bronzedolches mit schmalem Rückgrat und Griffdorn. Letzterer ist jedoch abgebrochen, ebenso ist die Spitze defect. Länge: 21 Ctmtr.; mittlere Breite der Klinge: 2 Ctmtr.; Breite der Heftplatte: 3,2 Ctmtr.

„Gefunden bei Dückers-Wiese (Dükerswisch) in einem Grabhügel.“ (Messner's Katalog.)

13. (Kat.-No. II. 2662.) Fundort: Buchholz in Dithmarschen, Holstein. Aus der Messner'schen Sammlung.

Zweischneidige bronzene Dolchklinge mit flachem Mittelgrat und sehr breiter, am Rande defecter Heftplatte, in welcher sich wahrscheinlich 6 Nietlöcher befanden. Länge der Klinge: 22,5 Ctmtr.; Breite derselben: 2,3 Ctmtr.; Länge der Heftplatte: 2,5 Ctmtr.; Breite derselben: 4,5 Ctmtr.

„Aus einem Hügel hinter'm Norderholz.“ (Messner's Katalog.)

14. (Kat.-No. II. 2706.) Fundort: Buchholz in Dithmarschen, Holstein. Aus der Messner'schen Sammlung.

Zweischneidige Bronzeklinge eines kurzen Handschwertes mit flachem Mittelrücken. Spitze und Griffende sind defect. Länge der Klinge: 28,5 Ctmtr.; Breite derselben: 2,6 Ctmtr.; Länge der Heftplatte: 2,5 Ctmtr.

„Gefunden in einem Grabhügel beim Kirchspiels-Berg". (Messner's Katalog.)

15. (Kat.-No. I. 2680.) Fundort: Egstede in Dithmarschen, Holstein. Aus der Messner'schen Sammlung.

Sehr defecte, stark oxydirte zweischneidige Klinge eines Bronzeschwertes von blaugrüner Farbe. Dieselbe hat einen auf jeder Seite in 2 Blutrinnen eingefassten Mittelgrat und eine mit 5 Nietlöchern versehene, am oberen Ende defecte Griffzunge. Zwei Niete (ein vierkantiger und ein rundlicher) befinden sich noch in den Nietlöchern. Die Oberfläche der Klinge ist, gleichwie bei den Taf. VII, 1, Taf. VIII, 2, 6 und 12 abgebildeten Exemplaren auf beiden Seiten mit einer graugrünlichen, faserigen, haarähnlichen Masse an vielen Stellen bedeckt. Die Griffzunge, auf der einen Seite wahrscheinlich in Folge von Einwirkung ammoniakalischer Substanzen tiefblau gefärbt, ist an manchen Stellen mit einer schwarzlichen, bröckeligen Masse überzogen, welches vielleicht Reste eines Harzkittes sind, der wahrscheinlich dazu diente, die aus Horn (Hirschhorn?) bestehenden Schalen zu befestigen. Länge der Klinge: 27 Ctmtr.; Breite derselben: 3,5 Ctmtr.; Länge des Griffes: 8,9 Ctmtr.; Länge der Niete: 1,5 Ctmtr.; Breite derselben: 0,2 und 0,4 Ctmtr.

„Gefunden in einem Grabhügel bei Egstede mit einer Framea (Paalstab) zusammen." (Messner's Katalog.)

16. Fundort: Unbekannt, wahrscheinlich in Dithmarschen.

Oberer Theil einer zerbrochenen zweischneidigen Bronzeklinge mit dachförmigem, breitem, an den Rändern scharf abgesetztem Mittelrücken und schmaler dünner Schneide. Die breite trapezförmige Heftplatte ist mit 4 kräftigen Nieten versehen, von denen zwei ganz und zwei zur Hälfte erhalten sind. Der Griff bestand aus Knochen oder Horn, nach einigen am Rande der Heftplatte noch anhaftenden Resten zu urtheilen. Länge der Klinge: 5 Ctmtr.; Breite derselben: 2,8 Ctmtr.; Länge der Heftplatte: 3,5 Ctmtr.; Breite derselben: 4,8 Ctmtr.; Länge der Niete: 1,5 Ctmtr.; Stärke derselben: 0,6 Ctmtr.

17. (Kat.-No. II. 2713.) Fundort: Egstede in Dithmarschen, Holstein. Aus der Messner'schen Sammlung. S. u. 18.

Bruchstück einer zweischneidigen Klinge eines Bronzeschwertes mit kräftigem, an den Rändern stark abgesetztem Mittelgrat. Länge: 24 Ctmtr.; Breite: 3 Ctmtr.

„Gefunden in einem Hügel bei Egstede." (Messner.)

18. (Kat.-No. II. 3347.) Fundort: Lundsmark auf Seeland, Dänemark. Von Herrn Henriquez in Kopenhagen erworben.

Spitze einer zweischneidigen bronzenen Klinge mit kräftigem, an den Rändern stark abgesetztem Mittelgrat. Länge: 24 Ctmtr.; Breite: 3 Ctmtr.

Die Bruchfläche dieser Spitze passt genau mit der in der Abbildung nach oben gerichteten der vorigen Nummer zusammen, so dass beide Stücke unzweifelhaft zusammen gehören und Theile desselben Schwertes sind, welche durch ein früheres Versehen bei der Etikettirung, wahrscheinlich bei Gelegenheit der Aufstellung in dem jetzigen Locale, getrennt wurden. Nach dem Kataloge würde dieses aus beiden Stücken ergänzte Schwert mit dem unter II. 3347 verzeichneten, angeblich bei Lundsmark auf Seeland gefundenen, identisch sein und seine Länge 48 Ctmtr. betragen.

19. (Kat.-No. II. 3346.) Fundort: Lundsmark auf Seeland, Dänemark. Von Herrn Henriquez in Kopenhagen erworben.

Schmale zweischneidige Klinge eines Bronzedolches mit einfacher Rückenschneide. Der Griffdorn fehlt. Länge: 14,7 Ctmtr.; Breite: 1,8 Ctmtr.

20. (Kat.-No. II. 3349.) Fundort: Lundsmark auf Seeland, Dänemark. Von Herrn Henriquez in Kopenhagen erworben.

Vier Bruchstücke eines zweischneidigen Bronzeschwertes mit rundem, breitem Mittelgrat, der auf jeder Seite mit einer feinen Längsrippe eingefasst ist. Breite der Klinge: 3,2 Ctmtr.

21. Fundort: Unbekannt.

Griffzunge mit Dornfortsatz von einem Bronzeschwerte. Gehört wahrscheinlich zu Taf. IV. 23 (Kat.-No. II. 1954); Fundort: Schönfeld in der Priegnitz, Prov. Brandenburg.

22. (Kat.-No. II. 2710.) Fundort: Dükerswisch in Dithmarschen, Holstein. Aus der Messner'schen Sammlung.

Bronzeknauf mit ovaler Knaufplatte und länglichem, hohem Mittelknopf von bedeutendem Gewicht, was dadurch verursacht wird, dass die Höhlung mit einer schwärzlichen, harten, beim Schaben metallisch glänzenden Masse (Eisen?) ausgefüllt ist. An der unteren Fläche ist die Knaufplatte mit einigen horizontalen, ringsum laufenden parallelen Linien verziert. Der Rand der oberen Fläche lässt einige Spuren von einem eingeschlagenen Ornament erkennen, welches bei dem Taf. IV. 24 abgebildeten Exemplare beschrieben ist und aus Reihen von concentrisch auf einander gehäuften Kreisbogen besteht. Der längliche Mittelknopf ist von einigen Parallellinien umzogen, zwischen denen eine mit ihren Enden aneinanderstossende Reihe nach aussen geöffneter Kreisbogen angebracht ist. Höhe des Knaufes: 2,5 Ctmtr.; Durchmesser der Knaufplatte: 5,8 und 4,5 Ctmtr.; Höhe des Mittelknopfes: 1 Ctmtr.; Länge desselben: 2 Ctmtr.; Durchmesser: 1,2 Ctmtr.

„Aus einem Hügel bei Dükerswiese (Dükerswisch) nebst einem Hütchen (Tutulus), welcher aber ganz zerfallen ist, sowie dem an diesem Knopf gelegenen Degen." (Messner's Katalog.)

23. (Kat.-No. II. 2709.) Fundort: Kuden in Dithmarschen, Holstein. Aus der Messner'schen Sammlung.

Zierlicher, ovaler, bronzener Dolchknauf mit flacher Platte, in deren Mitte der Länge nach ein dachförmiger niedriger Rücken verläuft. In dem oval-cylindrischen Grifftheil befindet sich noch ein quer durchgehender Bronzeniet. Höhe des Knaufes: 2,5 Ctmtr.; Durchmesser der Knaufplatte: 3,7 und 3 Ctmtr.

Messner berichtet über die Auffindung Folgendes: „1830, den 23. October, liess ich einen Grabhügel öffnen. Derselbe lag auf Kudener Feld, auf dem sogenannten „Kätheners Werth" daselbst, und mass im Umkreise circa 160 Fuss; Höhe: 12 Fuss. Denselben umschlossen am Fusse 2 Steinkreise, ein weiterer und ein engerer. Diese Steine hatten eine Grösse von circa 3 Fuss und waren mit vielen kleinen Steinen, welche in 4 Pfeilern wieder auf das eigentliche Grab hinliefen, vermauert. Nachdem die Erde 4 Fuss tief oben abgetragen war, zeigten sich 3 grosse platte Deckelsteine von circa 6—7 Fuss lang. Jeder dieser Granitblöcke hatte einen nach inwendiger Seite platten Stein zur Stütze und an jedem Ende war nach inwendiger Seite auch ein platter Stein. Diese 6 Seiten- und 2 Endsteine waren inwendig ganz flach, platt und sämmtlich 4 Fuss hoch. Das ganze Grab oder Riesenbett ruhte inwendig auf dem Grunde des Hügels und bestand solchemnach aus 11 grossen Felsen, war inwendig 10 Fuss lang, 5 Fuss breit und 4 Fuss hoch. Es war oben mit Lehm, im Grunde mit kleinen Steinen vermauert und dicht mit Erde gefüllt. Ausser einigen Holzkohlen fanden sich die Spuren von wenigstens 4 zerfallenen kleineren Gefässen. An der Südseite fand sich am mittelsten Seitensteine, im Boden des Grabes, ein Degen eingesteckt, welcher von Grünspan verzehrt zu Kupferkalk geworden war und zerfiel und circa 16 Zoll lang gewesen sein mochte. Nur der Knopf hat sich erhalten. Am westlichen Ende, am Boden, an der Südseite des Grabes, inwendig am ersten Seitenstein, fanden sich 3 Keile von Flintstein. Diese waren neben einander so eingesteckt, dass die Schneiden oben in schräger Richtung mit der platten Seite von Süden nach Norden wiesen, das Grab lief von Westen nach Osten und war auch so gebaut, welches man an der Lage der Steine sehen konnte. Ein Schleifstein (Kat.-No. II. 2644) ward in diesem Hügel gefunden. Wenn man solche Riesenbetten für die ältesten Grabmale hiesiger Gegend vielleicht ansehen darf, so verdient bemerkt zu werden, dass Bronze darin gefunden ist, so wie ich solches zu mehreren Malen in solchen Steinbetten gefunden habe."

Der oben erwähnte sehr lange und dünne, durch Gebrauch sehr abgenutzte Wetzstein besteht aus einem auch heute noch vielfach zu Wetzsteinen verwendeten grauem Gestein von faseriger Structur und glimmerähnlich glänzendem Bruche. Derselbe dürfte, bei der unbestimmten Angabe über seine Lagerung in dem Hügel, wohl einer neueren Zeit angehören.

24. (Kat.-No. II. 2378.) Fundort: Buchholz in Dithmarschen, Holstein. Aus der Messner'schen Sammlung. S. a. Taf. X, 13.

Ovale bronzene Platte eines Schwertknaufes mit halbkugeligem Mittelknopf, der am unteren Rande mit horizontalen quergerippten bandartigen Ornamenten verziert ist. Der obere Rand der Platte ist mit einem Kranze von 10 mit einander verbundenen Spiralen geschmückt. In dem hohlgegossenen Mittelknopf steckt noch die Endigung des Griffdorns.

Nach einer an dem Stücke befindlichen Bezeichnung Messner's („No. 22") ist derselbe wahrscheinlich zu dem auf Taf. X, 13 abgebildeten Schwerte (Kat.-No. II. 2697) gehörig und mit diesem in einem Grabhügel bei Buchholz in Dithmarschen, Holstein, gefunden.

25. (Kat.-No. II. 2693.) Fundort: Brickeln bei Meldorf in Dithmarschen, Holstein. Aus der Messner'schen Sammlung. S. a. Taf. VI, 20 u. 21.

Zweischneidige bronzene Klinge eines kleinen Dolches oder Messers mit einfacher Rückenscheide und stark verbreiterter Heftplatte, an deren Rand Spuren von Nietlöchern erkennbar sind. Die Spitze ist lädirt. Gesammtlänge: 10,5 Ctmtr.; Breite der Heftplatte: 3,4 Ctmtr.

Wurde mit Taf. VI, 20 zusammen in einem Grabhügel bei Brickeln in der Nähe von Meldorf in Dithmarschen, Holstein, gefunden und des Vergleichs wegen hier noch einmal abgebildet.

26. (Kat.-No. II. 2699.) Fundort: Egstede in Dithmarschen, Holstein. Aus der Messner'schen Sammlung.

Zweischneidige bronzene Klinge eines kleinen Dolches oder Messers mit einfacher Rückenscheide und stark verbreiterter Heftplatte, in deren Rand 4 Nietlöcher angebracht sind. Fig. 25 sehr ähnlich. Gesammtlänge: 12 Ctmtr.; Breite der Heftplatte: 3,5 Ctmtr.

„Gefunden in einem Hügel bei Egstede." (Messner's Katalog.)

27. (Kat.-No. II. 1021.) Fundort: Gilssefeldt in der Altmark, Reg.-Bez. Magdeburg. Aus der Sammlung des Herrn Professor Danneil zu Salzwedel.

Herr Danneil bemerkt in seinem handschriftlichen Katalog über dieses Stück Folgendes: „No. 80. Eine kupferne (bronzene? Voss.) Lanzenspitze, mit einem sehr glänzenden edlen Rost überzogen, der zum Vorschein kam, als die sehr unreine Lanze eine Zeit lang in Essig lag, der den Schmutz wegfrass. Sie hat nicht, wie die übrigen eisernen Lanzen eine Tülle, in die der Schaft gesteckt ward, sondern war mit der zum Theil noch erhaltenen unteren breiten Seite zwischen Holz, durch drei noch vorhandene, auf beiden Seiten vorstehende Nietnägel befestigt. Sie läuft allmälig spitz aus, ist mit Ausschluss des im Holze befindlich gewesenen Theils noch 5¼" (13,6 Ctmtr.) lang und in ihrer grössten Ausdehnung 1½" (3,7 Ctmtr.) breit. Von dem im Holz gesessenen Stiel ist nur noch ein Theil vorhanden von der Länge eines Zolles, worin sich die 3 Nietnägel befinden. Die Mitte ist durch drei erhöhte Längslinien gerippt; die mittelste ist die höchste."

28. (Kat.-No. II. 2321.) Fundort: Unbekannt. Aus der Sammlung der Mutterloge zu den drei Weltkugeln zu Berlin.

Bruchstück eines zweischneidigen Bronzeschwertes. Die Klinge hatte einen breiten abgerundeten Mittelrücken, der auf jeder Seite von 4 feinen Längsrippen eingefasst war, und war mit dem Griffe, von dem nur das untere Ende erhalten ist, durch einen starken vierkantigen Dorn verbunden. Der die Heftplatte umfassende Theil des Griffes ist nach unten bogig ausgeschweift, ähnlich den Taf. IV, 20; VIII, 11 u. 13 abgebildeten

Exemplaren, und mit 4 runden, 2 grossen und 2 kleineren Knöpfen, welche Nietköpfen ähnlich sehen, verziert. Der mittlere Theil des Griffes war mit horizontal umlaufenden ziemlich tiefen Furchen und vertieften Zickzackbändern verziert. Wahrscheinlich waren die Vertiefungen ursprünglich mit einer farbigen Masse ausgefüllt, jedoch ist jetzt Nichts mehr davon vorhanden. Ebenso zeigen sich noch leichte Spuren von Querrippung der erhabenen horizontalen Streifen zwischen den Vertiefungen. Gesammtlänge: 17 Ctmtr.; Breite der Klinge: 4 Ctmtr.

29. (**Kat.-No. II. 2686.**) **Fundort: Westorf bei Meldorf in Dithmarschen, Holstein.** Aus der Messner'schen Sammlung. S. a. Taf. X. 10.

Massiver bronzener Griff eines Bronzeschwertes, dessen Klinge mit breitem rundem Mittelrücken versehen und mit dem Griff durch 2 Niete in der Heftplatte und einen der Länge nach ganz durchgehenden Dorn befestigt ist. Der die Heftplatte umfassende Theil ist halbkreisförmig ausgeschweift; den mittleren, eigentlichen Granttheil bildet ein 8 kantiges Prisma mit einer leichten Anschwellung in der Mitte, welches in eine spitz-ovale Knaufplatte mit centraler ovaler Erhebung endigt. In letzterer ist auch die Endigung des Griffdorns zu erkennen. Das Ganze ist ziemlich rohe Gussarbeit. Wahrscheinlich gehört zu diesem Stück die Taf. X. 10 abgebildete Klinge. Länge des Griffes: 10 Ctmtr.; Durchmesser der Knaufplatte: 4.5 u. 3.5 Ctmtr.

„Gefunden zu Osten Westorf in einem Hügel.“ (Messner's Katalog.)

30. (**Kat.-No. II. 2677.**) **Fundort: Egstede bei Meldorf in Dithmarschen, Holstein.** Aus der Messner'schen Sammlung. S. a. Taf. X. 3.

Schmale zweischneidige bronzene Dolchklinge mit einfacher Rückenscheide und dünnem an der Spitze defectem Griffdorn. Die Spitze der Klinge ist abgebrochen. Länge der Klinge: 15 Ctmtr.; des Griffdorns: 2 Ctmtr.

„Gefunden in einem Grabhügel bei Egstede im Bärenberge, neben einer zerfallenen Urne, worin eine metallene Nadel, eine Zange, ein Messer und eine Perle von Bernstein lag, und neben einem Flintsteinmesser, 11 Zoll lang (Kat.-No. II. 2611, abgebildet Taf. X. 3).“ (Messner's Katalog.)

31. (**Kat.-No. II. 2698.**) **Fundort: Buchholz in Dithmarschen, Holstein.** Aus der Messner'schen Sammlung.

Zweischneidige bronzene Dolchklinge mit einfacher Rückenscheide, welche sich nach dem Griffende zu allmälig zu einem schmalen Mittelgrat erhebt. Die Spitze ist abgebrochen. An der ebenfalls etwas defecten Heftplatte war der Griff mittels zweier runder Niete, von denen der Eine noch erhalten ist, befestigt. Länge der Klinge: 16 Ctmtr.; Breite derselben: 2.7 Ctmtr.; Länge der Heftplatte: 2.8 Ctmtr.; Breite derselben: 3 Ctmtr.; Länge des Nietes: 1,3 Ctmtr.; Stärke desselben: 0.6 Ctmtr.

„Gefunden in einem Hügel zu Süden Buchholz in Begleitung einer Framea (Paalstab).“ (Messner.)

Tafel X.

1. (Kat.-No. II. 2687.) Fundort: Frestedt bei Meldorf in Dithmarschen, Holstein. Aus der Messner'schen Sammlung.

Langes zweischneidiges, in mehrere Stücke zerbrochenes Bronzeschwert mit wenig geschweifter Klinge. Letztere hat einen sehr flachen abgerundeten Mittelrücken und eine mit 4 Nietlöchern versehene sehr defecte Heftplatte, welche vielleicht in eine Griffzunge endigte, weshalb es zweifelhaft ist, ob der bei demselben aufbewahrte, unter 1a abgebildete Knauf dazu gehört. Letzterer ist ziemlich hoch, oval-cylindrisch in seiner unteren Partie und mit einer ovalen, in der Mitte mit einer centralen Erhebung verzierten Platte versehen. Ein in der Querachse nahe dem unteren Rande angebrachter runder Niet diente zu seiner Befestigung an dem Griff. Seine Höhlung zeigt noch der Innenfläche anhaftende Reste einer bräunlichen, harzähnlichen Masse, welche vielleicht als Kitt diente. Länge der Klinge: 66 Ctmtr.; Breite derselben: 4 Ctmtr.; Höhe des Knaufes: 3,5 Ctmtr.; Durchmesser der Knaufplatte: 4 und 5 Ctmtr.; Stärke des Nietes: 1 Ctmtr.

„Gefunden in einem Hügel zu Osten Frestedt."

2. Fundort: Unbekannt.

Drei an einander passende Fragmente einer Bronzeklinge mit sehr breitem, flachem, abgerundetem Mittelrücken, der auf jeder Seite von einer schmalen Längsrippe eingefasst ist. Der Griff war vermittelst einer breiten Griffzunge an der Klinge befestigt. Das Stück ist dadurch höchst merkwürdig, dass die Oberfläche von einer schwarzen, an einigen Stellen dahlblau schimmernden Schicht gebildet wird, welche in den aus heller, goldfarbiger Bronze bestehenden Kern direct übergeht. Länge: 38 Ctmtr.; grösste Breite der Klinge: 3,5 Ctmtr.

3. (Kat.-No. II. 2611.) Fundort: Egstede in Dithmarschen, Holstein. Aus der Messner'schen Sammlung. S. a. Taf. IX. 30.

Sehr schlanke, gestielte Lanzenspitze aus grauem Feuerstein von ausgezeichneter Arbeit. Gesammtlänge: 26 Ctmtr.; Länge des Blattes: 21 Ctmtr.; Breite desselben: 4 Ctmtr.; Breite des Stieles: 2,7 Ctmtr.; Stärke desselben: 1,5 Ctmtr.

Wurde mit dem Taf. IX. 30 abgebildeten Schwerte (Kat.-No. II. 2677) und anderen Gegenständen in einem Grabhügel zusammen gefunden. Vergl. S. 41.

4. (Kat.-No. II. 2682.) Fundort: Dithmarschen, Holstein. Aus der Messner'schen Sammlung.

Zweischneidige, in mehrere Stücke zerbrochene, mit breitem, abgerundetem Mittelgrat versehene Klinge eines Bronzeschwertes. Es ist zweifelhaft, ob die darüber abgebildete Griffzunge zu dem Schwerte gehört, da es scheint, als sei der Griff nur durch 6 Niete an der Heftplatte befestigt gewesen. Auf der die Heftplatte bedeckenden Patina markiren sich noch deutlich die Contouren des unteren Griffendes und lassen erkennen, dass derselbe dreifach bogig ausgeschweift war, ähnlich wie dies bei den Taf. IV. 20; VII. 9; VIII. 11. 13. 14;

IX, 28 abgebildeten bronzenen Griffes der Fall ist. Länge der Heftplatte: 5 Ctmtr.; Länge der Klinge: 45 Ctmtr.; Breite derselben: 4 Ctmtr.; Länge des einen erhaltenen mittleren Nietes: 1,5 Ctmtr.; Stärke desselben: 0,6 Ctmtr.; Länge der äusseren kleineren Niete: 1 und 0,6 Ctmtr.; Stärke derselben: 0,4 Ctmtr.

„Aus einem Grabhügel im Söhten, in Begleitung einer Framea (Paalstab).“

5. Fundort: Unbekannt, wahrscheinlich Dithmarschen, Holstein. Aus der Messner'schen Sammlung.

Vierkantiger, bronzener, hohler Schwertknauf, am unteren verjüngten Ende horizontal gerippt, ähnlich dem Taf. VIII, 1 abgebildeten. Oben hat derselbe eine grosse viereckige Oeffnung und zeigt die rohe unabgeputzte Gussfläche. Wahrscheinlich bildete eine auf diese aufgelegte Platte, vielleicht aus Holz oder Knochen, den Abschluss des Knaufes. Die hierzu gehörige zweischneidige Klinge ist stark oxydirt, lässt aber dennoch die vortreffliche Arbeit derselben erkennen. Sie hat einen breiten, dachförmigen Mittelrücken und dünne schmale Schneiden, ähnlich dem Taf. IX, 10 abgebildeten Fragment. Nach den faserigen Resten, welche auf der einen Seite in dem Oxyd haften, zu urtheilen, steckte sie wahrscheinlich in einer Scheide aus Holz (Eiche?). (S. Fig. 11b u. 19 dieser Tafel.) Höhe des Knaufes: 2,8 Ctmtr.; untere Seitenlänge: 1,9 Ctmtr.; obere Seitenlänge: 3,5 Ctmtr.; grösste Breite der Klinge: 3,2 Ctmtr.; Länge derselben: 29 Ctmtr.

Aus den Versuchen, die Fragmente durch Löthen und Kitten wieder mit einander zu vereinigen, ganz mit denselben Materialien, mit welchen dies auch bei anderen Exemplaren der Messner'schen Sammlung geschehen ist, darf man schliessen, dass dies Stück ebenfalls zu der genannten Sammlung gehörte.

6. Fundort: Unbekannt.

Hohlgegossener bronzener Schwertknauf, stark oxydirt, am unteren ovalen Rande defect. Die obere plattenförmig verbreiterte Partie bildet ein verschobenes Viereck mit abgestumpften Ecken; nahe dem Rande und parallel mit demselben verlaufen einige tiefe Furchen. In der Mitte ist eine Erhöhung, welche von einigen rundlichen Vertiefungen nach Art der Spiralenkränze (s. Taf. IV, 4. Taf. IX, 24 und Fig. 14 u. 16 dieser Tafel) umgeben ist und in welcher wahrscheinlich der in der Höhlung des Knaufes noch sichtbare Rest des Griffdorns endigt. Auch die untere schmale Griffpartie des Knaufes, welche von der oberen plattenförmigen Partie auf jeder Seite durch 4 bogenförmige, nach unten hängende Zacken abgeschlossen wird, ist auf jeder Seite mit je 2 quergestellten, ziemlich tiefen Furchen verziert, welche, nach spärlichen faserigen Resten zu urtheilen, wahrscheinlich mit Holz ausgelegt waren, in ähnlicher Weise, wie bei dem Taf. VIII, 14 abgebildeten Exemplar. Höhe des Knaufes: 2,5 Ctmtr.; unterer Längsdurchmesser: 2,2 Ctmtr.; Durchmesser der Platte: 4 und 3,2 Ctmtr.

7. Fundort: Unbekannt.

Sehr stark oxydirtes Fragment einer sehr breiten, zweischneidigen, nach der Spitze zu sich schnell verjüngenden Bronzeschwertklinge mit einem auf jeder Seite von einer feinen Längsrippe eingefassten Mittelgrat. Länge: circa 8 Ctmtr.; grösste Breite: 3,6 Ctmtr.

8. Fundort: Unbekannt.

Bronzener, hohlgegossener, kapselförmiger Schwertknauf mit cylindrischem Grifftheil und ebener, wenig vorspringender Platte, deren Rand und Mitte mit concentrischen feinen Rippen verziert ist. Gemeinsamer Mittelpunkt derselben ist der Mittelpunkt der Knaufplatte. Ein in der Seitenwand der unteren cylindrischen Partie steckender Rest eines dünnen Nietes diente zur Befestigung des Knaufes auf dem Griffe. Letzterer war wahrscheinlich zu schwach gearbeitet und musste deshalb zur Erzielung grösserer Festigkeit oben noch durch einen eingelegten dünnen Holzspan, der fast ganz erhalten ist, verstärkt werden. Höhe des Knaufes: 1,4 Ctmtr.; Durchmesser des unteren Theiles: 2,0 Ctmtr.; Durchmesser der Platte: 3,2 Ctmtr.

9. Fundort: Unbekannt.

Rand einer Heftplatte mit Griffzunge von einem Bronzeschwerte; stark oxydirt. Stammt wahrscheinlich aus der Messner'schen Sammlung.

0. (Kat.-No. II. 2686.) Fundort: Westorf bei Meldorf in Dithmarschen, Holstein. Aus …ssner'schen Sammlung. S. a. Taf. IX. 29.

…ragment einer zweischneidigen, stark oxydirten Klinge eines Bronzeschwertes mit abgerundetem, flachen …ken. Die Spitze fehlt. Wahrscheinlich gehört dieselbe zu dem Taf. IX. 29 abgebildeten Griffende. …es hier abgebildeten Fragmentes: 30 Ctmtr.; Breite: 3 Ctmtr.

1a und 11b. (Kat.-No. II. 2717.) Fundort: Dithmarschen, Holstein. Aus der Messner-…ammlung.

11a. Der Länge nach in zwei Hälften zerbrochene Griffzunge eines Bronzeschwertes mit 3 Nietlöchern, wahrscheinlich zu 11b. dieser Tafel.

11b. In mehrere Stücke zerbrochenes, zweischneidiges Bronzeschwert; die Spitze und ein Stück aus … fehlen. Ebenso ist die Griffzunge unvollständig. Die Klinge ist sehr breit und hat einen flachen, … sehr breiten Mittelrücken. In der Heftplatte befinden sich 4 Nietlöcher. Faserig aussehende Stellen …a lassen annehmen, dass das Schwert in einer mit einem Thierfell gefütterten Scheide steckte. (S. Fig. 5 …ser Tafel.) Länge der Klinge: circa 39 Ctmtr.; Breite derselben: 4 Ctmtr.

…eber die Fundumstände ist nichts Näheres mitgetheilt.

12. (Kat.-No. II. 2681.) Fundort: Schafstedt bei Meldorf in Dithmarschen, Holstein. … Messner'schen Sammlung.

Schmale zweischneidige Klinge eines Bronzeschwertes mit Griffdorn. Die Spitze ist mit einem breiten …rmigen Werkzeuge wahrscheinlich in neuerer Zeit abgehauen und am Ende abgeschliffen. Die Ober-… sehr uneben und nur in den zahlreichen unregelmässigen Vertiefungen mit einer spärlichen schmutz-… Patina bedeckt, so dass es fast den Anschein hat, als sei das Stück seiner Patina beraubt worden. … Stellen ist die Klinge zusammengelöthet. Dieselbe ist verhältnissmässig sehr stark und einfach nach …neiden zu abgerundet, ohne dass letztere besonders markirt sind. Länge der Klinge: 34 Ctmtr.; …erselben: 1.9 Ctmtr.; Länge des Griffes: 7.2 Ctmtr.

„Gefunden in einem Grabhügel bei Schafstedt.“ (Messner.)

13. (Kat.-No. II. 2697.) Fundort: Buchholz in Dithmarschen, Holstein. Aus der Mess-…n Sammlung. S. a. Taf. IX. 24.

Zweischneidige, in zwei Stücke zerbrochene, bronzene Schwertklinge, an der Spitze defect, mit sehr … Mittelgrat und Griffdorn. Letzterer endigte wahrscheinlich in einem Knaufe, muthmasslich in dem … 24 abgebildeten (Kat.-No. II. 2378). Länge der Klinge: 37.5 Ctmtr.; Breite derselben: 2.5 Ctmtr.

„Gefunden in einem Hügel bei Buchholz in Begleitung des Knopfes vom Griffende No. 22.“ (Mess-…atalog.)

14. Fundort: Unbekannt. Wahrscheinlich aus der Messner'schen Sammlung.

Hoher bronzener Schwertknauf, dessen unterer Theil ein vierkantiges Prisma mit abgestumpften Kanten …s nach aussen gewölbten Seitenflächen bildet, ganz ähnlich den Fig. 6 u. 16 abgebildeten Exemplaren. … Mitte der inneren Höhlung befindet sich ebenfalls noch ein Rest des Griffdorns. Das Stück ist sehr …ydirt und deshalb nicht mehr zu erkennen, ob die ganz in gleicher Weise, wie bei Fig. 6 dieser Tafel, …hlen vertieften Ornamente mit irgend einer Substanz (Holz oder Harz) ausgelegt waren. Höhe des …: 2.5 Ctmtr.; Seitenlänge der Platte: 3 Ctmtr.; Seitenlänge der unteren Partie: 2.5 Ctmtr.

15. (Kat.-No. II. 2716.) Fundort: Kuden bei Meldorf in Dithmarschen, Holstein. Aus …ssner'schen Sammlung.

Fragment (Spitze) einer bronzenen zweischneidigen Schwertklinge mit sehr breitem, flachem Mittelrücken. … 22 Ctmtr.; Breite: 3 Ctmtr.

„Aus einem Grabhügel zu Osten Kuden.“ (Messner.)

16. Fundort: Unbekannt. Wahrscheinlich aus der Messner'schen Sammlung.

Oberer plattenförmiger Theil eines bronzenen Schwertknaufes, ähnlich den Fig. 6 u. 14 dieser Tafel abgebildeten Exemplaren. Die Wände der inneren Höhlung sind mit einer braunschwarzen Masse (Harzkitt?) bedeckt. Die Ornamente sind in ganz ähnlicher Weise wie bei den beiden vorgenannten Exemplaren angebracht, zeigen aber noch Reste einer an manchen Stellen schwarzglänzenden anthracitähnlichen Masse, mit der sie wahrscheinlich ausgefüllt waren. Höhe des Knaufes, soweit derselbe erhalten: 1,4 Ctmtr.; Seitenlänge der unteren Partie: 2 Ctmtr.; Seitenlänge der Platte: 2,7 Ctmtr.

17. (Kat.-No. II. 2658.) Fundort: Egstede bei Meldorf in Dithmarschen, Holstein. Aus der Messner'schen Sammlung.

Kurze zweischneidige, schilfblattförmig geschweifte Klinge eines Bronzeschwertes mit schmalem, dachförmigem Mittelrücken und kurzer, bogenförmiger Heftplatte, in welcher sich 3 mit Köpfen versehene Niete befinden. Länge der Klinge: 26 Ctmtr.; Länge der Heftplatte: 1,5 Ctmtr.; Breite der Klinge: 3,3 Ctmtr.; Breite der Heftplatte: 4,4 Ctmtr.; Länge des mittleren Nietes: 1,7 Ctmtr.; Länge der beiden äusseren kürzeren Niete: 1,2 Ctmtr.; Stärke der Niete: 0,5 Ctmtr.; Durchmesser der Nietköpfe: 0,8–1 Ctmtr.

„Gefunden bei Egstede im „Schwarten Berg" (schwarzen Berg) an der Südseite in halber Höhe des Hügels, 2 Fuss tief, ohne Beilagen." (Messner's Katalog.)

18. (Kat.-No. II. 2678.) Fundort: Rade in Dithmarschen, Holstein. Aus der Messner'schen Sammlung.

Zweischneidige Klinge eines Bronzeschwertes mit flachem Mittelrast und Griffdorn. Letzterer, sowie die Spitze, sind defect. Wahrscheinlich gehörte zu demselben ein Bronzeknauf, in welchem der Dorn endigte. Länge der Klinge: 34 Ctmtr.; Breite derselben: 3 Ctmtr.; Länge der Heftplatte und des Dorns: 3,7 Ctmtr.

„Aus einem Grabhügel bei Rade." (Messner.)

19. (Kat.-No. II. 2712.) Fundort: Egstede bei Meldorf in Dithmarschen, Holstein. Aus der Messner'schen Sammlung.

Zweischneidige Klinge eines kurzen Bronzeschwertes mit flachem, abgerundetem Mittelrücken, breiter Heftplatte und Griffzunge. Die Spitze ist defect. In der Heftplatte befanden sich anscheinend 6 Nietlöcher. Die Ränder der undurchbohrten, oben verbreiterten Griffzunge sind erhaben. Nach der faserigen Oberfläche der Patina zu urtheilen, steckte dieses Schwert wahrscheinlich in einer mit einem Thierfell gefütterten Scheide. (S. a. Taf. VII, 1; VIII, 2, 8 u. 12 und Fig. 5 u. 11b dieser Tafel.) Länge der Klinge: 30 Ctmtr.; Breite derselben: 3 Ctmtr.; Länge des Griffes: 9 Ctmtr.

„Aus einem Hügel zu Norden Egstede." (Messner.)

Tafel XI.

1—9. (Kat.-No. II. 7371—7379 und II. 9813—9815.) Fundort: Bredow bei Nauen, Reg.-Bez. Potsdam, Provinz Brandenburg. Geschenk des Herrn Rittergutsbesitzer von Bredow auf Bredow.

1. (Kat.-No. II. 9813.) Bronzeschwert mit zweischneidiger leicht geschweifter schilfblattförmiger Klinge und bronzenem Griff. Erstere zeigt einen abgerundeten starken Mittelgrat und eine sehr dünn ausgearbeitete breite Schneide, ist parallel mit dem Rande derselben mit einer etwas tieferen Furche und einem an der inneren Seite neben derselben hinlaufenden Systeme von etwa 7 oder 8 feinen vertieften Parallellinien verziert. Dicht über der Ansatzstelle des Griffes endigen die Schneiden in je einen bogigen Ausschnitt mit sägeförmig gezähnten Rändern, neben denen je 4 Reihen schräg gestellter, wie es scheint mit der Kante eines meisselförmigen Instrumentes eingeschlagener keilförmiger Vertiefungen angebracht sind. Der Klingentheil des Griffes umfasst mit bogigem Ausschnitte die Heftplatte und ist durch 2 Niete mit derselben verbunden. Leichte in Doppellinien ausgeführte Schleifenornamente bilden seine Verzierungen. Der eigentliche Grifftheil ist mit 3 flachen ringsumlaufenden Querwülsten versehen. Letztere sind auf jeder Seite von Parallellinien eingefasst und durch Systeme von feinen Querlinien, welche mit einzelnen punktirten Linien abwechseln, verziert. Den Abschluss gegen den plattenförmigen Knauf bildet ein von Parallellinien eingefasstes, durch gegeneinander gestellte Schrägstriche gebildetes, ährenähnliches leicht erhabenes Band. Der Rand des Knaufes ist, ähnlich den bogenförmigen Ausschnitten der Klinge, leicht gezähnt und auf einer Seite durchbohrt. In der Mitte der oberen leicht vertieften Fläche der runden Knaufplatte befindet sich ein oben abgerundeter, durch eine tiefe Auskehlung stark abgesetzter und mit einer feinen Randlinie verzierter Knopf, welchen ein aus 4 Parallellinien gebildetes Wellenband mit 6 tiefen Ausbuchtungen und 6 Doppelkreisen in denselben umgiebt. Die Bronze des Griffes hat eine helle goldähnliche Farbe, die der Klinge spielt etwas mehr ins Röthliche. Länge der Klinge: 57,2 Ctmtr.; Breite derselben: 4,5 Ctmtr.; Länge des Griffes: 11,5 Ctmtr.; Durchmesser der Knaufplatte: 5 Ctmtr.; Durchmesser des Mittelknopfes: 1,5 Ctmtr.; Höhe desselben: 0,8 Ctmtr.

2. (Kat.-No. II. 9814.) Grosse Nadel von heller Bronze mit oben abgeplattetem Kopf, am Halse quergerippt und mit einer ringsumlaufenden Zickzacklinie verziert. Länge: 19,2 Ctmtr.; Stärke: 0,4 Ctmtr.; Durchmesser der Kopfplatte: 1,2 Ctmtr.

3. (Kat.-No. II. 9815.) Nadel von heller Bronze mit schlecht geschärfter Spitze aus einem vierkantigen, in eine Spiralscheibe endenden Drahte hergestellt. Wahrscheinlich ist es ein Fragment eines anderen zerbrochenen Schmuckgegenstandes (Spiralfibula), das in dieser Weise zu einem neuen Zwecke verwandt wurde, wenigstens scheint hierauf das innere abgerissene Ende der Spirale zu deuten. Länge: 12 Ctmtr.; Durchmesser der Spirale: 2,5 Ctmtr.; Stärke des Drahtes: 0,2 Ctmtr.

4. (Kat.-No. II. 7378.) Paalstab mit Schaftlappen aus röthlicher Bronze. Länge: 11 Ctmtr.

5. (Kat.-No. II. 7371.) Paalstab mit Schaftlappen aus hellerer Bronze. Länge: 13,7 Ctmtr.

6. (Kat.-No. II. 7372.) Paalstab aus Bronze von fast kupferrothem Ansehen. Länge: 15 Ctmtr.

7. (Kat.-No. II. 7373.) Kleine Fibula aus goldfarbiger Bronze, bestehend aus einer breiteren gegossenen bandartigen Platte, deren untere Fläche nahe dem in eine stumpfwinkelige Spitze auslaufenden Ende das angegossene Widerlager für die Nadelspitze trägt und dessen obere Rückenfläche mit zwei dem Tremolirstiche ähnlichen gravirten Längslinien verziert ist. Durch die Umbiegung des anderen in der Mitte gespaltenen Endes der schmalen Mittelplatte ist ein Oehr gebildet, durch welches ein Draht gesteckt ist, um als Axe für die beiden Spiralenrollen zu jeder Seite der Mittelplatte zu dienen. Diese Rollen sind aus einem Draht gewunden und zwar so, dass die Windungen innen auf der linken Seite der Mittelplatte beginnen und dann der Draht von dem äusseren Ende derselben in einem grossen Bogen nach dem anderen Ende der Spiralenaxe hinübergeführt ist, um von aussen beginnend wiederum in engen Spiralwindungen bis zur anderen Seite der Mittelplatte zu gehen und schliesslich in das als Nadel zugespitzte Ende auszulaufen. Ein fest aufgeklopfter Drahtring, in ähnlicher Weise, wie die Köpfe der modernen Stecknadeln um das Ende der Spiralenaxe gelegt, hindert das Abgleiten der äusseren Windungen der Spiralenrollen. Länge des Mittelstücks: 6 Ctmtr.; Länge des Querstücks mit den beiden Spiralenrollen: 3,3 Ctmtr.

8. (Kat.-No. II. 7377.) Grosse bronzene Plattenfibula mit Dorn. Die fast runden Platten sind von einem ringförmigen verstärkten Rande, der mit Systemen von Querlinien verziert ist, eingefasst, leicht concav und in der Mitte mit einer kleinen buckelförmigen Erhöhung versehen. Ein in der Mitte verbreiterter, quergerippter, fast halbkreisförmiger Bügel, dicht oberhalb seiner Ansatzstellen mit einigen nach oben offenen Bogenlinien verziert, bildet die Verbindung der beiden Platten. Der in einem Stück hergestellte Dorn hat einen Abschluss in Form eines kantigen halbhohlen Ringes. In geringer Entfernung von letzterem ist abermals ein massiver an einer Seite offener Ring gebildet, der wahrscheinlich aufgebogen wurde, um den Verbindungsbügel hineinzubringen und durch Wiederzubiegen desselben dann an der Fibula zu befestigen. Eine auf dem Rande der Platte in der Nähe des Bügelansatzes aufsitzende einer Drahtschleife ähnliche zapfenförmige Hervorragung bildet das Widerlager für den Dorn der Fibula. Beide Platten und der sie verbindende Bügel sind in einem Stück durch Guss hergestellt. Ebenso ist der Dorn Gussarbeit, wie die auf der Rückseite beider Theile befindlichen zahlreichen Rauhigkeiten und warzenähnlichen Erhöhungen beweisen. Länge der Fibula: 13,5 Ctmtr.; Durchmesser der Platten: 6 Ctmtr.; Länge des Dorns: 10,5 Ctmtr.

9. (Kat.-No. 7379.) Massiver offener Bronze-Armring von röthlicher Farbe aus einem dreikantigen, an den Enden halbrunden Stabe hergestellt. Letztere sind quergerippt, der übrige mittlere Theil mit Zickzackbändern, aus je 4 Parallellinien bestehend, verziert, die äussere Kante ist gerippt. Durchmesser: 7 Ctmtr.

Zu diesem Funde gehören ausserdem Reste eines menschlichen Skelets (Kat.-No. II. 7374, 9816 und 9817), Knochen vom Hirsch (Kat.-No. II. 9818—9821) und ein angeblich an derselben Stelle im Jahre 1876 gefundener Zapfen eines Rinderhorns von 36 Ctmtr. Länge (Kat.-No. II. 10.302).

Die Stücke wurden zu verschiedenen Zeiten beim Torfstechen gefunden, nicht weit vom Rande des zu dem Gute Bredow gehörigen Torfmoors und gelangten auch zu verschiedenen Zeiten in die Sammlung. Im Jahre 1874 wurden die 3 Paalstäbe (Fig. 4, 5 und 6), die beiden Fibeln (Fig. 7 und 8) sowie der Armring (Fig. 9) nebst Knochen vom Hirsch und vom Hund (?) und einem menschlichen Oberarm-Bein gefunden. Auf Befehl des Herrn v. Bredow wurde die Stelle mit einem Merkzeichen versehen und im nächsten Jahre fand man beim Weiterarbeiten ganz nahe derselben, etwa 5 Schritte entfernt, das Schwert (Fig. 1), die beiden Bronzenadeln (Fig. 2 und 3), Beinknochen vom Hirsch und menschliche Skelettheile (Schädelfragmente und einen Oberschenkelknochen). Im Jahre 1876 gelangte endlich noch der angeblich an derselben Stelle gefundene Hornzapfen vom Rind in den Besitz der Sammlung. Herr v. Bredow hatte die Güte mich im Jahre 1875 zu einer persönlichen Besichtigung der Localität einzuladen und war es mir dadurch möglich an Ort und Stelle mich durch die Aussagen von glaubwürdigen Augenzeugen über den Sachverhalt zu unterrichten. Darnach ist anzunehmen, dass sämmtliche Gegenstände, vielleicht mit Ausnahme des zuletzt gefundenen Hornzapfens, als ein zusammengehöriger Fund zu betrachten sind. Diese Ansicht findet weitere Bestätigung durch die Untersuchung des Herrn Geh. Med.-Rath Professor Dr. Virchow, welcher die Güte hatte, die menschlichen Reste einer näheren Prüfung zu unterziehen. Derselbe spricht sich über dieselben in folgender Weise aus:

„An dem ganz zertrümmert gewesenen und nur theilweise reconstruirten Schädel fehlen Stirn, Schläfen, Basis und Gesicht; vorhanden sind nur die Scheitelbeine (verletzt), die Hinterhauptsschuppe und das linke Schläfenbein (theilweise). Die Knochen sind schwärzlichbraun, von der Farbe der Torfknochen, mässig dick, sehr fest, mit starken Muskelansätzen. Die Protuberantia occipit ext. ist sehr kräftig. Die Plana temporalia steigen hoch herauf: sie nähern sich einander in der Gegend der Scheitelhöcker bis auf 113 Millim. Die Oberfläche des Schädeldaches zwischen den Lineae semicirculares hat eine unebene, etwas poröse Beschaffenheit (durch Hyperostose). Der Gesammteindruck ist der eines männlichen Schädels. Die Scheitelcurve zeigt eine starke Biegung, das Hinterhaupt wölbt sich beträchtlich nach hinten vor. Man darf daher wohl annehmen, dass der Schädel ein mässig hoher mesocephaler, vielleicht sogar dolichocephaler war. Die grösste Breite beträgt 139 Millim.; da jedoch die Tubera parietalia gar nicht ausgebildet sind, so macht der Schädel in der Oberansicht doch mehr den Eindruck der Länge, und zwar um so mehr, als die starke Ausbildung des Hinterhauptes mit Bestimmtheit darauf hinweist, dass der Längsdurchmesser ein absolut grosses Maass gehabt haben muss. Der Sagittalumfang der Hinterhauptsschuppe beträgt 120, die Länge der Pfeilnaht 122 Millim. Nichts steht entgegen, anzunehmen, dass die Extremitäten-Knochen zu demselben Skelet gehört haben. Die Färbung und der Erhaltungszustand ist ganz ähnlich und die kräftige Ausbildung der einzelnen Knochen harmonirt mit dem Zustande des Schädels. Leider ist keiner dieser Knochen in seiner ganzen Länge erhalten. Es sind 2 Ossa femoris, 1 Tibia, 1 Os humeri. Der Schaft der Oberschenkelknochen ist voll und gerundet, die Linea aspera stark vortretend; die Tibia dagegen ist seitlich stark zusammengedrückt und ihre Crista scharf."

10, 11, 14 und 15. (Kat.-No. II. 9604—9607.) Fundort: Roeper (Hoever?), Amt Medingen, Hannover. Aus der Sammlung des Herrn Schilling zu Hamburg.

10. (Kat.-No. II. 9606.) Zweischneidiges Bronzeschwert mit geschweifter schilfblattförmiger Klinge und breiter Griffzunge. Erstere hat einen sehr flachen und breiten Mittelrücken und sehr schmale Schneiden, welche nahe dem Grifftheile bogenförmig ausgeschnitten sind. Die Heftplatte hat 4 Nietlöcher, in deren einem sich noch ein kurzes, rundes Nietfragment befindet. Die Ränder der Heftplatte sowohl wie die der Griffzunge haben hochstehende Kanten zur Aufnahme von Beschlagplatten. Der Mitteltheil des Griffes ist bogenförmig nach aussen geschweift, in der Mitte mit einem langen viereckigen Einschnitt versehen und endigt mit einer Verbreiterung, deren oberer Rand nicht vollständig erhalten ist. Nach der Färbung der Patina zu urtheilen, war der die Heftplatte anschliessende Theil des Griffes unten mit einem bogenförmigen Ausschnitte versehen. Die Bronze hat eine sehr helle Färbung. Länge der Klinge: 57 Ctmtr.; Breite derselben: 3,2 Ctmtr.; Länge des Griffes: 9,5 Ctmtr.; Stärke des Nietfragmentes: 0,4 Ctmtr.

11. (Kat.-No. II. 9607 a.) Zweischneidiges Bronzeschwert, in 2 Stücke zerbrochen, mit sehr schmaler, starker, grader Klinge, breiter, oben abgerundeter Heftplatte und schmaler sehr hochkantiger Griffzunge. Die Bruchflächen sind frisch und leider fehlt ein zwischen die vorhandene Spitze und den anderen Klingentheil gehöriges Stück der Klinge. Letztere hat einen schmalen Mittelgrat, von zwei dünnen Längsrippen eingefasst, welche nahe der Heftplatte mit einer bogenförmigen Umbiegung nach aussen bis an den Rand derselben sich erstrecken. Die etwas beschädigte Heftplatte hatte wahrscheinlich 4 Nietlöcher, welche aber beim Guss mangelhaft gerathen sind. Die oben verbreiterte, wie es scheint nicht ganz vollständige Griffzunge, ist fast der ganzen Länge nach durchbrochen, wahrscheinlich ebenfalls in Folge eines Gussfehlers. Zwei zu dem Funde gehörige längliche kleine Bronzefragmente, welche hohle kantige Leisten bilden und in der Mitte stumpfwinklig gebogen sind (Kat.-No. II. 9607 b. u. c.), sind die Bruchstücke von der unteren Einfassung des Griffes, welche, wie auch die Färbung der Patina erkennen lässt, unten gradlinig abschloss. Die Aussenseite dieser Bronzeeinfassung ist am unteren Rande mit einem querschraffirten Bande und über demselben mit kleinen Dreiecken, deren eine

Spitze nach oben gerichtet ist, verziert. Länge der Klinge: 37 Ctmtr., der Spitze 0 Ctmtr.; Breite der Klinge: 2,2 Ctmtr.; Breite der Heftplatte: 4,5 Ctmtr.; Länge des Griffes: 10,5 Ctmtr.; Breite der Griffzunge: 1,5 Ctmtr.

14. (Kat.-No. II. 9604.) Grosse bronzene Lanzenspitze mit starker bis zur Spitze reichender Schafthülse, auf deren Mitte die Gussnähte noch erkennbar sind, und zwei grossen unregelmässig geformten Nietlöchern, nahe dem Anfange des Blattes. Länge: 24 Ctmtr.; Länge des freien Endes der Schafthülse: 4,5 Ctmtr.; unterer Durchmesser derselben: 2,7 Ctmtr.; Durchmesser der Nietlöcher: etwa 0,7 Ctmtr.

15. (Kat.-No. II. 9603.) Bruchstück (Spitze) einer schmalen, starken, zweischneidigen Klinge eines Bronzeschwertes mit einfacher Rückenscheide. Länge: 28 Ctmtr.; Breite: 2,3 Ctmtr.

Ueber die Auffindung enthält der Katalog der Schilling'schen Sammlung folgende Notiz: „Im Jahre 1868 bei Abtragung eines grossen „Hünen- oder Heidengrabes" ungefähr in der Mitte desselben in einer von vielen Steinen zusammengesetzten Kiste gefunden bei dem Dorfe Röper, Amt Medingen, Hannover, vom Arbeitsmann Held und dessen Schwager. (Zwei ziemlich gut erhaltene Bronzeschwerter, ein halbes Bronzeschwert und eine schöne grosse bronzene Lanzenspitze). Ausserdem wurden in diesem Grabe in verschiedenen Steinkammern mehrere Urnen gefunden, welche zerstreut standen, aber alle zerbrochen waren. Auch befanden sich in denselben Ueberreste von Bronzegeräthschaften, welche leider von den Findern als zu unbedeutend geachtet wurden, um dieselben aufzuladen".

12. (Kat.-No. II. 9597.) Fundort: Roeper (Roever?), Amt Medingen, Hannover. Aus der Schilling'schen Sammlung.

Zweischneidige dünne, in zwei Stücke zerbrochene Klinge eines Bronzedolches (Lanzenspitze? Messer?) mit schmalem, nur bis zur halben Länge der Klinge herabreichendem allmälig sich verflachendem Mittelgrat und trapezförmiger, an den Seiten runder etwas bogig ausgeschnittener Heftplatte ohne Nietlöcher. Länge der Klinge: 13 Ctmtr.; Länge der Heftplatte: 2,5 Ctmtr.; Breite derselben: 3 Ctmtr.

13. (Kat.-No. II. 9596.) Fundort: Roeper (Roever?), Amt Medingen, Hannover. Aus der Schilling'schen Sammlung.

Zweischneidige kurze Klinge eines Bronzedolches (Lanzenspitze? Messer?) mit flachem, breitem, abgerundetem Mittelrücken und sehr kurzer trapezförmiger Heftplatte, in welcher sich zwei runde Nietlöcher befinden. In dem einen derselben steckt noch ein Rest des Nietes. Letzterer war so dünn, dass er das Nietloch nicht ganz ausfüllte; in Folge dessen wurden zur Befestigung noch zwei dünne flache Bronzestifte neben demselben in das Nietloch hineingetrieben. Länge der Klinge: 11 Ctmtr.; Breite derselben: 2,5 Ctmtr.; Länge der Heftplatte: 1,5 Ctmtr.

16. (Kat.-No. II. 9904.) Fundort: Grenzhof bei Königsberg in der Neumark, Reg.-Bez. Frankfurt, Prov. Brandenburg. Aus der Sammlung des Lehrers Herrn Voigt zu Königsberg i. d. N.

Grosses Bronzemesser mit stark sichelförmig gekrümmter, an der Spitze leicht aufwärts gebogener Klinge und verhältnissmässig kurzer Griffzunge. Der stark vorspringende abgerundete Rücken der Klinge geht direct in den mit schrägen Parallelfurchen auf beiden Seiten verzierten rundlichen Mitteltheil des Griffes über. Zwei buckelförmige Anschwellungen bezeichnen die Grenze dieses Theils und der hochkantigen Griffzunge, welche mit 2 Nietlöchern versehen ist und an dem verbreiterten abgestutzten Ende die ursprünglich beabsichtigte Anlage eines dritten vermuthen lässt. Bei der Auffindung soll sich noch ein Holzgriff an dem Stiel befunden haben, welcher so angebracht war, dass die Griffzunge nur die schmale zur Befestigung dienende Verbindung mit dem ganz in Holz gearbeiteten eigentlichen kräftig geformten Griff bildete. Länge der Klinge: 17 Ctmtr.; Breite derselben: 2 Ctmtr.; Länge des Griffes: 7 Ctmtr.

17. (Kat.-No. II. 9888.) Fundort: Lippehne, Kreis Soldin, Reg.-Bez. Frankfurt, Prov. Brandenburg. Aus der Voigt'schen Sammlung.

Gut erhaltenes zweischneidiges Bronzeschwert mit schmaler Klinge, stark verbreiterter Heftplatte und schmaler oben abgestutzter Griffzunge. Der abgerundete Rücken der Klinge geht direct in die beiden Schneiden über und wird nur auf jeder Seite durch feine vertiefte Doppellinien (Blutrinnen) markirt. Die Ansatzstelle des Griffes wird durch ein auf die Heftplatte gestreiftes mit zwei feinen Längslinien und am oberen Rande mit leichten Einkerbungen verziertes Bronzeband bezeichnet, in ähnlicher Weise wie dies bei Fig. 11 dieser Tafel und Tafel I. 5 und II. 2 der Fall ist. (In der Beschreibung der letzteren beiden Stücke (S. 1 u. 3) sind diese nach dem von Herrn von Ledebur verfassten Kataloge als „Schieber" bezeichnet.) In dem einen der in der Heftplatte vorhandenen Nietlöcher steckt noch der runde Niet. Die Griffzunge hat auf beiden Seiten hochaufgerichtete Kanten und ebenfalls zwei grosse Nietlöcher. Am Ende ist sie etwas verbreitert. Dunkelbraune Färbung lässt darauf schliessen, dass das Schwert im Moor gefunden wurde. Länge der Klinge: 45 Ctmtr.; Breite derselben: 2,2 Ctmtr.; Länge der Heftplatte: 3,8 Ctmtr.; Breite derselben: 5,7 Ctmtr.; Länge des Nietes: 0,8 Ctmtr.; Stärke desselben: 0,5 Ctmtr.; Länge der Griffzunge: 6,5 Ctmtr.; Breite derselben: 8 Ctmtr.

Nach Angabe des Herrn Voigt 3—4 Fuss tief im Torfmoor gefunden.

18. **(Kat.-No. II. 10,077.) Fundort: Niewitz bei Luckau, Reg.-Bez. Frankfurt, Prov. Brandenburg.** Aus der Sammlung des verstorbenen Apothekers Schumann zu Golssen in der Nieder-Lausitz.

Zweischneidige, geschweifte Klinge eines Bronzedolches mit kurzer oben abgerundeter Heftplatte. Der Mittelgrat der Klinge ist vollständig abgerundet. Die Heftplatte ist mit 3 Nietlöchern versehen, in deren zweien noch die runden Niete stecken. Die oben abgerundeten Köpfe der letzteren scheinen durch einfaches Breitklopfen hergestellt zu sein. Länge der Klinge: 20 Ctmtr.; Breite derselben: 2,6 Ctmtr.; Länge der Heftplatte: 3 Ctmtr.; Breite derselben: 4,5 Ctmtr.; Länge der Niete: 1 Ctmtr.; Stärke derselben in der Mitte: 0,5 Ctmtr.; Breite der Köpfe: 0,7 Ctmtr.

19. **(Kat.-No. II. 9595.) Fundort: Obborndorf in der Wetterau, Grossherzogthum Hessen.** Aus der Schilling'schen Sammlung.

Kleine, schön patinirte zweischneidige Klinge von einem Bronzedolch (Messer? Lanzenspitze?) mit kurzer, oben defecter Heftplatte. In der Mitte derselben verläuft der abgerundete Mittelgrat. Die Heftplatte war ursprünglich mit 4 Nietlöchern versehen, von denen aber nur noch zwei vorhanden sind. In diesen stecken noch die runden schraubenähnlich gefurchten Niete. Die in grader Linie quer über die Klinge verlaufende Grenze der heller gefärbten Patina an dem oberen Theile bezeichnet den Klingenrand des Heftes. Länge der Klinge: 12 Ctmtr.; Breite derselben: 3 Ctmtr.; Länge der Heftplatte: 1,8 Ctmtr.; Breite derselben: 3 Ctmtr.; Länge der Niete: 1 u. 1,2 Ctmtr.; Stärke derselben: 0,5 Ctmtr.

20. **(Kat.-No. II. 10,532.) Fundort: Comitat Liptau, Ungarn.** Aus der Sammlung des Herrn von Majláth zu Liptó-Andrásfalva.

Stark oxydirte, leicht geschweifte zweischneidige Bronzeklinge von einem Bronzedolch mit breiter oben abgebrochener Griffzunge. Die Klinge ist dünn und hat in der Mitte nur eine ganz flache, abgerundete Rückenschneide. Dicht unter dem Ansatz der Griffzunge befinden sich zwei kleine Nietlöcher; ebenso ist auf der Bruchfläche der Griffzunge in der Mitte derselben noch die Spur von einem solchen zu bemerken. Die Ränder der Griffzunge sind etwas erhaben. Das Stück ist leider, wahrscheinlich von den Findern, stark misshandelt, denn die Spitze ist umgebogen, auf einer Seite ist die Patina abgeschabt und die Bruchfläche der Griffzunge zeigt ganz frischen Metallglanz. Interessant ist dasselbe aber dadurch, dass es auch in alter Zeit wahrscheinlich bereits einmal in der Mitte durchgebrochen war und wieder zusammengelöthet wurde, wie eine in der Mitte der Klinge querüberlaufende etwa ½ Ctmtr. breite Unebenheit, welche jedoch mit derselben Patina wie die der übrigen Theile des Stückes überzogen ist, vermuthen lässt. Länge der Klinge: 17,5 Ctmtr.; Breite derselben: 8 Ctmtr.; Länge der Griffzunge: 2 Ctmtr.; Durchmesser der Nietlöcher: 0,3 Ctmtr.

21. **(Kat.-No. II. 10,536.) Fundort: Király-Lehota, Comitat Liptau, Ungarn.** Aus der Sammlung des Herrn von Majláth zu Liptó-Andrásfalva. S. a. Taf. XIII. 3.

Sehr schön erhaltenes zweischneidiges Bronzeschwert mit geschweifter schilfblattförmiger Klinge und bronzenem Griff. Leider ist die Patina stellenweise durch Abschleifen entfernt worden. Die Klinge ist mit einem starken Mittelgrat versehen, ähnlich Fig. 1 dieser Tafel, derselbe verflacht sich jedoch gegen die Spitze hin sehr bedeutend, so dass er in der Mitte der Klinge in eine einfache stumpfwinkelige Rückenschneide übergeht. Die Spitze ist mit einem dreifachen Systeme von feinen gravirten Linien verziert, welche mit den Rändern der Schneide parallel verlaufen und in der Gegend, wo der Mittelgrat beginnt, plötzlich abbrechen. Nahe dem Griffe haben die Schneiden bogenförmige Ausschnitte, deren Ränder in ähnlicher Weise wie dies auch bei Fig. 1 dieser Tafel der Fall ist, leicht gezähnt sind. Eine punktirte in einer schwanenhalsförmigen Bogenschleife endigende Linie, auf welche dicht aneinandergereihte halbkreisförmige, nach aussen offene Bogen gesetzt sind, in geringer Entfernung von den Rändern und parallel mit denselben verlaufend, bildet die Verzierung dieses Abschnittes (s. Taf. XIII. Fig. 3). Der Klingentheil des Griffes ist an seinem unteren Rande kreisbogenförmig ausgeschnitten und durch zwei oben flache Niete mit der Heftplatte verbunden. Die vertieften Verzierungen des Griffes sind grösstentheils, namentlich an dem Mittelstück, dem eigentlichen Grifftheil, sehr flach, an manchen Stellen sogar nur schwach erkennbar, an anderen dagegen wiederum vollständig scharf. Bei oberflächlicher Betrachtung könnte man glauben, dass durch vielen Gebrauch diese Verflachung der Ornamente herbeigeführt sei. Dem widerspricht jedoch der Zustand der Klinge, auf welcher die haarfeinen Randlinien vollständig scharf sichtbar sind und deren beide Schneiden, soweit dieselben nicht erst in neuerer Zeit durch Abschleifen misshandelt worden, völlig intact sind. Ausserdem ist die Schärfe der Linienornamente am Griffe selbst eine so ungleichmässige, dass man hieraus auf eine Mangelhaftigkeit der Gussform schliessen muss. Der die Heftplatte umfassende Theil des Griffes ist mit einigen nur schwach erkennbaren Schleifen von Parallellinien, in ähnlicher Weise wie bei Fig. 1 dieser Tafel verziert; ein System horizontaler Parallellinien bildet seine Begrenzung gegen den Mitteltheil. Letzterer wird oben gegen den Knauf hin in gleicher Weise abgeschlossen. Er hat ovalen Querschnitt und seine Verzierung besteht in drei, aus Spiralenbändern gebildeten, ringsumlaufenden Wellenornamenten, welche wiederum durch zwei horizontale Parallellinienssysteme von einander getrennt sind. Auf der einen Seite sind die Patina und die an sich schon sehr flachen Spiralenornamente wahrscheinlich von den Findern abgefeilt oder abgeschliffen. Der umgekehrt konische, oben kreisrunde Knauf ist oben becherförmig ausgebildet und nahe seiner Verbindungsstelle mit dem Mitteltheile des Griffes durchbohrt. Eine Doppelreihe von schräg gegeneinandergestellten ährenähnlichen Bandornamenten umzieht ihn aussen an der unteren Partie. Darauf folgen einige feine horizontale Parallellinien, auf welche in gleichen Abständen punktirte Linien in radiären Richtungen gestellt sind. Drei in einigen Abständen von einander umlaufende ebenfalls punktirte Horizontallinien und zwei durch zwei glatte Horizontallinien getrennte Reihen nach oben offener Bogen, von denen die zweite namentlich sehr undeutlich ist, bilden die weitere Verzierung der Aussenfläche. Die Wandung des becherförmigen Knaufes selbst ist sehr dünn gegossen, am Rande an einer Stelle defect. Die Verzierung der Innenfläche bilden drei concentrische Bänder aus Systemen von feinen glatten Parallellinien bestehend und auf jeder Seite von einer punktirten Linie eingefasst. Die Mitte nimmt ein durch eine Auskehlung stark abgesetzter runder Knopf ein, der mit einer feinen ringsumlaufenden Linie und einem Bande aus dichtgestellten kurzen Schräglinien am Rande verziert ist. Länge der Klinge: 43,5 Ctmtr.; grösste Breite derselben: 4,7 Ctmtr.; Länge des Griffes: 10,5 Ctmtr.; Durchmesser des Knaufes: 5,5 Ctmtr.; Durchmesser des centralen Knopfes: 1,4 Ctmtr.

22—25. (Kat.-No. II. 10,419—10,422.) Aus dem Funde von Kis-Bobrocz, Comitat Liptau, Ungarn. Aus der Sammlung des Herrn von Majláth zu Liptó-Andrásfalva.

22. (Kat.-No. II. 10,419.) Zweischneidiges Bronzeschwert mit geschweifter schilfblattförmiger Klinge und bronzenem Griff. Dasselbe ist von einer eigenthümlich, schmutzig grün-grau gefärbten Patina bedeckt, deren äussere glänzende Kruste an vielen Stellen abgebröckelt ist. An den frisch entblössten Partien ist dieselbe von rauher Beschaffenheit und eigenthümlich heller, fast türkisblauer Färbung. Die Klinge, an der Spitze etwas defect, hat einen abgerundeten Mittelgrat, der direct in die Schneiden übergeht. Diese selbst sind durch eine feine, an der Spitze dreifache, Randlinie (Blutrinne) besonders markirt. In einer Entfernung von 4,6 Ctmtr. von dem Griffe enden sie plötzlich mit einer an diesem Exemplare wegen seiner Beschädigung an dieser Stelle nur schwach bemerkbaren graden Linie mit stumpfen Rändern, welche in ähnlicher Weise wie dies bei Fig. 1 und 21 dieser Tafel der Fall ist, schwach gezähnt sind. Durch diese Absätze beiderseits erhält die Klinge in ihren Contouren Aehnlichkeit mit den Taf. II. 6 (von Sandersleben bei Magdeburg), Taf. IV. 22 (von Brandenburg a. d. Havel) und Taf. XVI. 11. (aus der Gegend von Halberstadt). Der Hefttheil des Griffes umfasst die Heftplatte mit einem tiefen, bogigen Ausschnitte und ist mit derselben durch zwei dünne einfach oben breitgeklopfte Niete verbunden. Der mittlere eigentliche Grifftheil ist oval cylindrisch und mit drei flachen Querwülsten verziert. Einige horizontale Parallellinien und ein Band aus kurzen Schräglinien bezeichnen die Abgrenzung gegen den Knauf. Letzterer besteht in einer ovalen, nahezu runden, unten etwas ausgekehlten, am Rande durchbohrten Platte. Die obere Fläche trägt in der Mitte einen hohen, stark ausgekehlten, leicht ovalen Knopf, der von einigen Parallellinien eingefasst wird. Fünf punktirte radiär gestellte Linien, zwischen denen aus vier Parallellinien gebildete, nach aussen offene Bogen angebracht sind, bilden die übrige Verzierung. Länge der Klinge: 51 Ctmtr.; Breite derselben: 3,8 Ctmtr.; Länge des Griffes: 10 Ctmtr.; Durchmesser der Nietköpfe: 0,4 Ctmtr.; Durchmesser der Knaufplatte: 4,2 u. 3,7 Ctmtr.; Durchmesser des Mittelknopfes: 1,5 u. 1,3 Ctmtr.; Höhe desselben: 0,8 Ctmtr.

23. (Kat.-No. II. 10,420.) Bronzene Lanzenspitze mit lanzettförmigem Blatt und bis zur Spitze reichender Schafthülse, deren freies Ende nahe dem Ansatze der Blattflügel mit zwei runden Nietlöchern versehen ist. In geringer Entfernung von dem unteren Rande derselben befinden sich ebenfalls zwei unregelmässig geformte Löcher, deren eines mit dem Rande ausgebrochen ist. Es ist indessen fraglich, ob dies ebenfalls Nietlöcher oder nur einfache Gussfehler sind. Die Patina ist von derselben Beschaffenheit wie die des Schwertes und die der übrigen zu diesem Funde gehörigen Stücke. Leider ist dieselbe auch an diesem Stücke abgeschabt und abgewetzt und zwar mit so grosser Rohheit, dass an einer Stelle des Blattes sogar die Schafthülse in Folge dieser Manipulation durchgebrochen ist. Länge der Lanzenspitze: 16 Ctmtr.; Breite des Blattes: 3 Ctmtr.; Länge des Blattes: 12 Ctmtr.; Durchmesser der Nietlöcher: 0,3 Ctmtr.

24. (Kat.-No. II. 10,421.) Grosse bronzene Spiralenfibula, leider defect. Eine scheibenförmige, aus einem kantigen Draht gewundene Spirale bildet die eine Endigung; derselbe Draht biegt sich alsdann schleifenförmig nach der Seite um und bildet hierdurch das Widerlager für die Nadel; hierauf läuft er in grader Richtung weiter, zu beiden Seiten durch ebenfalls in kleinere Spiralenscheiben endigende ähnliche Drähte verstärkt. Letztere sind durch kräftige, schieberartige Bänder mit ihm verbunden. Auf diese Weise wird das Mittelstück der Fibula aus mehreren Paaren von solchen Spiralenscheiben gebildet. Bei dem im National-Museum zu Pest vorhandenen Exemplare, an dessen Mittelstück drei Paare von Spiralenscheiben befestigt sind, schliesst das dritte schieberartige Band das andere Ende der Fibula ab. Bei diesem Stück scheinen jedoch vier Paare solcher Scheiben vorhanden gewesen zu sein. Im Uebrigen dürfte es fast ganz genau mit dem erwähnten übereinstimmen, so dass man ohne Schwierigkeit die fehlenden Theile ergänzen konnte. Darnach bog sich wahrscheinlich der Mitteldraht in einem rechten Winkel zur Seite und bildete eine kurze Spiralenrolle, deren Ende in die unten zugespitzte Nadel auslief. Länge der Fibula: 35,5 Ctmtr.; Durchmesser der grossen Spiralenscheibe: 15 Ctmtr.; Durchmesser der kleinen: 5 Ctmtr.

25. (Kat.-No. II. 10,422.) Fragment einer bronzenen Fibula von derselben Form wie Fig. 24. Die linke Endigung ist das schleifenähnliche Widerlager der Nadel, die grosse Spiralenscheibe fehlt; die vier Spiralen sind die Reste von den vier Paaren an beiden Seiten des Mittelstückes angebrachter Spiralenscheiben. Länge: 28,5 Ctmtr.

Zu diesem Funde gehört noch ein Schwert von ganz gleicher Form, wie das hier abgebildete; wahrscheinlich aber gehörten noch mehr Gegenstände zu demselben. In den von Herrn Dr. Hampel herausgegebenen Antiquités préhistoriques de la Hongrie, Budapest 1877, Taf. X, 11—15 sind die hier dargestellten Stücke ebenfalls abgebildet. Auch sind dieselben erwähnt in dem von Herrn Dr. Hampel ebenfalls verfassten Catalogue de l'Exposition préhistorique des musées de province et des collections particulières de la Hongrie. Budapest 1876. Seite 16.

26. (Kat.-No. II. 10,533.) Fundort: Comitat Liptau, Ungarn. Aus der Sammlung des Herrn von Majláth zu Liptó-Andrásfalva, Ungarn.

Kleine kupferne wenig oxydirte Lanzen- oder Pfeilspitze mit einem Dorn zur Befestigung in dem Schafte. Länge: 12,5 Ctmtr.; Länge des Blattes: 9,75 Ctmtr.; Breite desselben: 1,7 Ctmtr.; Breite des Dorns: 0,8 Ctmtr.

27. (Kat.-No. II. 10,527.) Fundort: Pilin, Comitat Nograd, Ungarn. Aus der Sammlung des Herrn von Majláth zu Liptó-Andrásfalva.

Ausgezeichnet schön erhaltene bronzene Lanzenspitze (Dolch?) mit langer schmaler Schaftzunge und breitem lanzettförmigem Blatt, in dessen Mitte drei Längsrippen verlaufen. Die Schaftzunge hat hochstehende Kanten und drei Nietlöcher mit ausgebogenen Rändern. Das andere ist im Guss misslungen. Ein kurzer dreimal quergerippter Mitteltheil verbindet Blatt und Schafttheil. Länge des Blattes: 17 Ctmtr.; Breite desselben: 3,5 Ctmtr.; Breite der Schaftzunge: 1,2 Ctmtr.; Durchmesser der Nietlöcher: 0,4 Ctmtr.; Gesammtlänge: 25 Ctmtr. Das Stück ist ebenfalls abgebildet bei Hampel: Catalogue etc. p. 27 Fig. 15.

28. (Kat.-No. II. 9,599.) Fundort: Botzen, Süd-Tirol, Oesterreich. Aus der Schilling'schen Sammlung.

Kleine bronzene Lanzen- oder Pfeilspitze (Messer?) von ähnlicher Form, wie das Fig. 27 dieser Tafel abgebildete Stück, aber bedeutend kleiner. Eine glatte, zweischneidige, leicht geschweifte Klinge mit einfacher Rückenschneide setzt sich in eine lange Griffzunge fort. Die Schneiden sind nahe dem verbreiterten Uebergangstheil mit einem kleinen Ausschnitt versehen. Die Griffzunge hat hochkantige Ränder, nur ein ovales Nietloch und an dem stumpfen Ende einen seichten, an ein Nietloch erinnernden Ausschnitt. Gesammtlänge: 13 Ctmtr.; Länge der Klinge: 5 Ctmtr.; Breite der Griffzunge: 1 Ctmtr.; Durchmesser des ovalen Nietloches: 0,5 und 0,6 Ctmtr.

Tafel XII.

Die auf dieser Tafel abgebildeten Gegenstände werden im Antiquarium der Königlichen Museen aufbewahrt.

Herr Dr. Treu, Directorial-Assistent am Antiquarium, hat die Güte gehabt, aus dem Bronzen- und Miscellaneen-Katalog des Antiquariums die betreffenden Angaben über Herkunft und Erwerbung der Stücke mitzutheilen. Dieselben sind grossentheils schon verwerthet in C. Friederichs: Kleinere Kunst und Industrie im Alterthum (Berlins antike Kunstwerke, Theil II. Düsseldorf 1871).

1. (**No. 1144 in Friederichs: Kleinere Kunst und Industrie im Alterthum. Düsseldorf 1871.) Fundort: Siebenbürgen.** Aus dem Nachlass des Hofrathes Becker zu Homburg vor der Höhe. S. a. Taf. XIII. 2.

Sehr schön erhaltenes zweischneidiges Bronzeschwert mit Bronzegriff und geschweifter schilfblattförmiger Klinge, welches dem Taf. XI. Fig. 21 und Taf. XIII, Fig 3 abgebildeten, bei Kiraly-Lehota im Comitat Liptau in Ungarn gefundenen sehr ähnlich ist. Die Klinge ist ebenfalls mit einem, nahe dem Griff sehr starken, gegen die Spitze hin allmälig sich verflachenden Mittelgrat versehen. Die Ränder derselben sind mit einem System feiner paralleler Haarlinien, das von der Spitze ab bis zur Mitte, wo der Mittelgrat beginnt, doppelt ist, dann aber nach einer plötzlichen Unterbrechung einfach wird, ganz ähnlich wie bei dem oben erwähnten Exemplar. Die Schneiden sind leider durch Schleifen und Schlagen etwas beschädigt, namentlich in der Nähe des Griffes, so dass der Anfang der nahe dem Griffe ursprünglich vorhandenen Ausschnitte nicht mehr deutlich erkennbar ist. Die Ausdehnung der Letzteren ist deshalb nur noch aus der Länge der abgestumpften Ränder und der sie begleitenden Randverzierungen zu bemessen. Diese bestehen in einer punktirten Randlinie und einer Reihe von eingeschlagenen nach aussen geöffneten Kreissegmenten, in deren Centrum eine punktförmige Vertiefung eingeschlagen ist. (S. Taf. XIII, Fig. 2.) Der untere Theil des Griffes, der durch zwei dünne Niete mit der Heftplatte verbunden ist, ist ganz ähnlich wie bei den Schwertern von Bredow und Kiraly-Lehota (Taf. XI. Fig. 1 und 21. Taf. XIII. Fig. 3) mit Systemen feiner Haarlinien verziert, nur dass hier in der Mitte zwischen den beiderseitigen Schleifenornamenten zwei mit der Spitze aufeinandergestellte schraffirte Dreiecke sich befinden. Der mittlere Theil des Griffs, von ovalem Querschnitt, ist mit drei übereinandergestellten Reihen concentrischer Kreise, eingefasst von Systemen von Parallellinien, auf welche Bogenornamente gestellt sind, verziert. Ein etwas erhabenes Band mit ährenförmig angeordneten kurzen Schrägstrichen, in gleicher Weise wie bei den obengenannten beiden Exemplaren, bildet die Abgrenzung gegen den aussen unverzierten, nahe der Mitte durchbohrten Knauf, welcher die Form einer flachen, runden, kugelsegmentförmigen Schale hat, ähnlich wie bei Fig. 3 dieser Tafel. Die Wandung ist ziemlich dünn gegossen. Seine obere Fläche, deren Mitte ein durch eine ringsumlaufende Hohlkehle ziemlich stark abgesetzter, oben mit Randlinien, concentrischen Kreisen und Bogen verzierter ovaler

Knopf einnimmt, ist reich ornamentirt. Den Mittelknopf umgeben zunächst Systeme von feinen parallelen Haarlinien, eingefasst von Punktlinien; auf diese folgt ein tief ausgebuchtetes Wellenornament ebenfalls aus einem Bande gebildet, das aus einem solchen Systeme von Haarlinien besteht. Die äusseren Ausbuchtungen sind mit concentrischen Kreisen verziert, die inneren durch eine radiär gestellte Punktlinie halbirt. Einige feine parallele Haarlinien endlich, auf deren Innenseite eine Reihe von halbkreisförmigen, nach aussen geöffneten Bogen gestellt ist, säumen den leider ein wenig defecten Rand des Knaufes.

Eine eigenthümliche Beschaffenheit zeigt die sehr schöne Patina dieses Stückes. Die Färbung der Klinge sticht nämlich erheblich ab von der des Griffes. Letzterer zeigt auf der einen Seite eine hellgrüne etwas ins Bläuliche spielende Färbung und ist auf der anderen Seite ebenfalls grün, nur dunkler, stellenweise sogar fast schwarz gefärbt. Dagegen ist die Klinge auf beiden Seiten in ihrer ganzen Ausdehnung mit einer nahezu silbergrauen dünnen Schicht bedeckt, welche an den vorspringenden Theilen etwas abgerieben ist und hier die gelbliche Färbung des Metalles durchscheinen lässt. Länge der Klinge: 50,5 Ctmtr.; Breite derselben: 5,2 Ctmtr.; Länge des Griffes: 11 Ctmtr.; Durchmesser der Nietköpfe: 0,3 Ctmtr.; Durchmesser des Knaufes: 5,8 Ctmtr.; Durchmesser des Mittelknaufes: 1,8 und 1,4 Ctmtr.; Höhe desselben: 0,8 Ctmtr.

Im Jahre 1837 erworben. In Becker's Verzeichniss als „Römisches“ Schwert aufgeführt.

2. (No. 1147 bei Friederichs.) Fundort: Unbekannt.

Sehr gut erhaltenes zweischneidiges Bronzeschwert mit Bronzegriff, mit ziemlich schmaler, grader, unten abgesetzter Klinge. Letztere hat einen schmalen abgerundeten Mittelgrat, der von zwei, einen halben Centimeter von einander entfernten, feinen Längsrippen eingefasst ist. Der Hefttheil des Griffes umfasst die Heftplatte, mit welcher er durch zwei dünne Niete verbunden ist, mit einem tief ausgeschnittenen Bogen; der mittlere Theil des Griffes, von ovalem Querschnitt, ist mit drei Paaren schmaler Rippen, deren mittelstes mit schrägen vertieften Linien verziert ist, umgeben. Der Knauf ist aus zwei nach einwärts gewundenen, nach dem Mittelpunkte hin sich verjüngenden Spiralen, zwischen denen sich ein aufrechter Dorn befindet, gebildet, ähnlich wie bei den Taf. II, Fig. 9 und Taf. VI, Fig. 2 abgebildeten, bei Schmon im Mansfeld'schen und auf Rügen gefundenen Exemplaren. Bei dem letzteren fehlt jedoch der Dorn zwischen den beiden Spiralen. Eine schräg abfallende Leiste, auf einer Seite schräg schraffirt, bildet, ähnlich wie bei den vorigen und den ihnen ähnlichen Exemplaren das schwach erhabene mit ährenähnlichem Ornament verzierte Band, den Abschluss des Mitteltheils und zugleich die Verbindung mit dem Knauf. Der ganze Griff sammt dem Spiralenknauf ist in einem Stück gegossen. Das Schwert ist frei von Patina und hat eine bräunliche, stellenweise etwas schmutzige Färbung. Länge der Klinge: 47,3 Ctmtr.; Breite derselben: 3,2 Ctmtr.; Länge des Griffes: 13,2 Ctmtr.; Breite des Knaufes: 7,2 Ctmtr.; Höhe desselben: 3,5 Ctmtr.

3. (No. 1147 bei Friederichs.) Fundort: Rheinland. Früher im Besitz des Bauinspectors Herrn Leipold zu Zielenzig.

Gut erhaltenes zweischneidiges Bronzeschwert mit Bronzegriff und geschweifter schilfblattförmiger Klinge, ähnlich den Fig. 1 dieser Tafel und Fig. 21 auf Tafel XI abgebildeten in Siebenbürgen und bei Király-Lehota im Comitat Liptau in Ungarn gefundenen Exemplaren. Der am Griff kräftige Mittelgrat verflacht sich nach der Spitze zu. Vertiefte, an der Spitze dreifache, Randlinien (Blutrinnen) markiren die Schneiden, welche nahe dem Griffe bogig ausgeschnitten sind. Wahrscheinlich war die Klinge mit dem unteren Theile des Griffes durch zwei Niete verbunden; durch moderne Ausbesserungen und Ergänzungen dieser Partien ist dies etwas schwer kenntlich geworden. Der Mitteltheil des Griffes, von ovalem Querschnitt, ist mit drei flachen Querwülsten verziert. Neun kleine Vertiefungen auf jeder Seite, von denen je drei zwischen den flachen Querwülsten sich befinden, so wie einige schräge und horizontale Parallellinien dicht unterhalb des Knaufes, einem querlaufenden Bande ähnlich, sind die schwachen Spuren ehemals vorhandener Linienornamente. Der Knauf ist wiederum dünnwandig, schalenförmig, rund, nahe der Mitte durchbohrt und mit Bogenornamenten und concentrischen Kreisen, zum Theil in punktirten Linien, auf der Innenfläche verziert und zwar in folgender Weise. Den verhältnissmässig kleinen, oben abgerundeten, durch eine Hohlkehle abgesetzten Mittelknopf umgeben etwa sechs concentrische Kreise; dann folgt ein Kranz von zwölf concentrischen Kreisen mit vertieften Centren. Auf diese sind dreizehn nach aussen geöffnete dreifache Bogenlinien, welche bis zum Rande gehen und ähnlich, wie bei dem Fig. 1 abgebildeten Exemplar, durch eine punktirte radiäre Linie halbirt sind, gestellt. Das Schwert ist ohne Patina, nur stark gebräunt, die eine Seite des Griffes an einer Stelle etwas corrodirt. Länge der Klinge: 48 Ctmtr.; Breite derselben: 4 Ctmtr.; Länge des Griffes: 11.5 Ctmtr.; Höhe des Knaufes: 2 Ctmtr.; Durchmesser desselben: 5.8 Ctmtr.; Durchmesser des Mittelknopfes: 2.5 Ctmtr.

Erworben 1846. Es scheint in einem Moor gefunden zu sein.

4. (No. 1143 bei Friederichs.) Fundort: Angeblich Pella in Macedonien. Aus dem Nachlass des Hofraths Becker zu Homburg vor der Höhe. S. a. Taf. XIII. Fig. 1.

Ausgezeichnet erhaltenes zweischneidiges Bronzeschwert mit Bronzegriff und geschweifter Klinge. Letztere ist an dem Griffende von ausserordentlicher Breite (9.5 Ctmtr.). Ein kräftiger, aber schmaler, bis zur Spitze verlaufender Längsgrat bezeichnet die Mitte des Rückens, welcher in dem oberen Theile der Klinge verbreitert und über die flachen Randtheile erhaben ist. Fünf parallele feine Blutrinnen markiren ausserdem die den Schneiden ziemlich parallelen Contouren dieser durch eine mitlaufende Auskehlung noch besonders hervorgehobenen Partie. Die Schneiden selbst sind sehr schmal und durch plötzliche Abschrägung der Randtheile gebildet. Der in einem Stück, aber hohl gegossene Griff umfasst mit einem flachen Bogen die Heftplatte der Klinge und ist hier mit einer punktirten Randlinie und fünf kräftigen conischen Buckeln verziert. Letztere sind an der Basis mit einer punktirten Linie eingefasst; nach aussen hin nehmen sie an Höhe und Umfang ab. Der eigentliche Grifftheil, von ovalem Querschnitt, ist mit Linienornamenten verziert. Ihn umfassen zwei Querbänder, gebildet aus Systemen von Parallellinien, welche auf der einen Seite von einer punktirten Linie, auf der anderen von kurzen senkrechten Strichen eingefasst sind. Auf der der Klinge zugewendeten Seite derselben ist je eine Reihe von schräggeschraffirten Dreiecken angesetzt, deren Basis von der Grenze des Querbandes gebildet wird und deren Spitzen nach der Schwertspitze hin gerichtet sind. Der Knauf besteht aus einer ovalen Platte, eingefasst von einem System paralleler Randlinien und einem hohen Mittelknopf mit stumpfkantigem Längsrücken. Er ist etwas nach der einen Seite hin verschoben. Zwei Bänder, ähnlich den Querbändern des mittleren Grifftheiles, zwischen denen eine Zickzacklinie verläuft, bilden seine Verzierung. Das Schwert ist ohne Patina, seine Oberfläche ist nur stark gebräunt. Länge der Klinge: 43.8 Ctmtr.; grösste Breite derselben am Griff: 9.8 Ctmtr., in der unteren Partie: 3 Ctmtr.; Länge des Griffes: 11.5 Ctmtr.; Durchmesser des Knaufs: 6 und 5 Ctmtr.; Höhe desselben: 1.2 Ctmtr.; Durchmesser desselben: 4.3 u. 2.8 Ctmtr.

Erworben im Jahre 1837. In dem Becker'schen Verzeichniss als „griechisches" Schwert bezeichnet.

Mancherlei Umstände verstärken die in dem Kataloge durch den Zusatz „angeblich" bereits ausgedrückten Zweifel an der Richtigkeit der Fundortsangabe, da Schwerter von verwandten Formen hauptsächlich in den westlichen und nördlichen Ländern Europas vorzukommen scheinen.*) Namentlich aber ist es sehr auffällig, dass in der Gegend von Frankfurt, also auch in der Nähe von dem Wohnorte des Hofrathes Becker, ein Schwert gefunden wurde, welches dem hier abgebildeten äusserst ähnlich ist. Dasselbe befindet sich jetzt im Besitz des Herrn Milani zu Frankfurt und ist abgebildet und beschrieben bei Lindenschmit, Alterthümer unserer heidnischen Vorzeit. Band III. Heft VIII. Taf. 1. Fig. 1. Aus demselben Nachlass, und unter Angabe desselben Fundortes, gelangten ferner eine „Pfeilspitze" und eine Lanzenspitze von Bronze in die Königliche Sammlung. Leider lassen sich diese Stücke nicht mehr identificiren. Unter denjenigen jedoch, unter denen

*) Aehnliche Exemplare befinden sich u. A. im Museum zu Dublin (s. Wilde: a descriptive Catalogue of the antiquities of animal materials and bronze in the Museum of the Royal Irish Academy. Dublin 1861. p. 438, Fig. 324), im Museum zu St. Germain (s. Lindenschmit: Alterthümer unserer heidnischen Vorzeit, Bd. III, Heft VIII, Taf. 1. Fig. 2), in Avignon (s. Roach Smith: Collectanea antiqua Vol. V, p. 89). Auch dürfte wohl das bei J. Yonge Akerman: An archaeological index. London 1847. Fig. 47, Pl. V abgebildete, in einem Hügel bei Blandford Dorsetshire gefundene, allerdings mit Elfenbeingriff versehene Exemplar sich hier anreihen. Grosse Verwandtschaft zeigt ferner die bei Wilde a. a. O. p. 452, Fig. 385 dargestellte Lanzenspitze. Ferner bildet Madsen, Taf. XI, Fig. 8, einen Schwertgriff ab, welcher seiner Verzierung nach vielleicht hierher zu rechnen sein dürfte.

Zahl sich dieselben befinden müssen, ist ebenfalls kein Stück vorhanden, welches mit Sicherheit als aus Griechenland stammend angesehen werden könnte. Es dürfte deshalb vielleicht nicht unwahrscheinlich sein, dass der frühere Besitzer des Schwertes, durch die ausserordentliche Schönheit und Merkwürdigkeit desselben zu phantasiereichen Combinationen verleitet, den oben genannten Fundort, als des Gegenstandes besonders würdig, nur muthmasslich annahm, wenn nicht etwa eine Namensverwechselung zu einer irrthümlichen Angabe Veranlassung gab.

5. (No. 1146 bei Friederichs.) Fundort: Unbekannt. Vom Händler Vernère aus Colmar gekauft.

Zweischneidiges Bronzeschwert mit Bronzegriff und grader, an der Spitze defecter Klinge, ähnlich dem Taf. XI, Fig. 22 abgebildeten. Letztere hat eine einfache Rückenscheide und ist mit Blattrinnen in Form einfacher vertiefter Randlinien versehen. Der Griff ist mit kleinen Nieten an der Heftplatte befestigt; er hat ovalen Querschnitt. Von seinen Ornamenten sind nur zum Theil noch schwache Spuren zu erkennen. Der untere Theil, welcher die Heftplatte umfasst, hat einen grossen bogenförmigen Ausschnitt und zeigt noch leise Andeutungen von Schleifenornamenten, ähnlich denen bei Fig. 1 u. 3 dieser Tafel und Taf. XI, Fig. 1 und 21 erwähnten. Auf beiden Seiten befindet sich in der Mitte ein aus zwei Punktlinien gebildetes T-förmiges Ornament. Das Mittelstück ist mit drei von einer doppelten Randlinie eingefassten Querwülsten verziert, zwischen denen noch schwache Spuren eines aus Spiralen gebildeten Wellenornamentes erkennbar sind. Der Knauf besteht aus einer unten ausgekehlten, oben flachen, unebenen runden Scheibe mit einer Durchbohrung nahe der Mitte und einem flachen Knopf in der Mitte. Die untere Fläche ist mit drei ziemlich unregelmässigen Reihen eingeschlagener, keilförmiger Vertiefungen verziert, der Rand der oberen Fläche ebenfalls in sehr unregelmässiger Weise mit einem Kranze von mehr oder weniger vollständigen concentrischen Kreisen ornamentirt. Der an einer Seite defecte Mittelknopf ist von zwei concentrischen Linien umsäumt. Die Klinge ist wahrscheinlich in Folge der nachlässigen Arbeit, welche sich an dem Stücke auch sonst bemerkbar macht, so mangelhaft mit dem Griffe verbunden, dass sie sich in demselben hin und her bewegen lässt. Eine kräftige dunkelgrüne, in der Nähe der Klingenspitze etwas bröckelige Patina bedeckt die ganze Oberfläche des Stückes. Länge der Klinge: 36,2 Ctmtr.; Breite derselben: 3,7 Ctmtr.; Länge des Griffes: 12 Ctmtr.; Durchmesser der Knaufplatte: 4,5 Ctmtr.; Durchmesser des Mittelknopfes: 1,8 Ctmtr; Höhe desselben: 0,6 Ctmtr.

Im Jahre 1868 erworben.

6. (Inv.-No. 7149.) Fundort: Aquila in den Abruzzen, Italien. Aus der Sammlung des Herrn Dr. J. Friedländer, Director des Königl. Münzcabinets zu Berlin.

Kurzes zweischneidiges Bronzeschwert mit breiter sehr flacher Klinge und einer, in eine quergestellte halbmondförmige Platte endigenden Griffzunge. Der sehr schmale und flache Rücken der Klinge ist auf jeder Seite von einem System feiner eingravirter Linien eingefasst. Letztere biegen sich in der Nähe der Heftplatte in einem Bogen nach dem Rande zu um und werden hier durch ein zweites System verstärkt, welches von jeder Seite her bis in die Mitte hineinragt und hier in eine zwickelartige Spitze zusammenlaufen. Eine doppelte Zickzacklinie begrenzt die der Spitze zugekehrte Seite. Die kurze Heftplatte ist von zwei kleinen Nietlöchern durchbohrt. Ihr Rand erhebt sich nach der Mitte zu zu einer hochstehenden Kante, welche sich auch auf den ganzen übrigen Theil des Griffes fortsetzt und denselben einfasst. Der Mitteltheil des Griffes ist gradlinig begrenzt, in der Mitte verbreitert und hier auch mit einem kleinen Nietloch versehen. Die halbmondförmige, nach oben convexe Platte, welche zur Befestigung des Schlussknaufes diente, ist ebenfalls in der Mitte mit einem kleinen Nietloch versehen. Länge der Klinge: 36 Ctmtr.; Breite derselben: 4,5 Ctmtr.; Länge des Griffes: 11 Ctmtr.; Länge der Knaufplatte: 5 Ctmtr.

Von Herrn Director Friedländer in Aquila erworben.

7a. und b. (No. 1150 bei Friederichs.) Fundort: Unbekannt, wahrscheinlich Italien.

Dem vorigen ganz ähnliches Bronzeschwert, nur ist die Spitze der Klinge etwas mehr ausgezogen. Die Verzierungen der etwas schmäleren, aber stärker gegossenen Klinge sind ähnlich wie bei dem vorigen Stück, her nur in sehr nachlässiger und unregelmässiger Weise eingeritzt. Die feinen Drahtniete stecken noch in den Löchern. Länge der Klinge: 30 Ctmtr.; Breite derselben: 4 Ctmtr.; Länge des Griffes: 11 Ctmtr.; Länge der Knaufplatte: 5,5 Ctmtr.

Die angeblich zugehörige Scheide (Fig. 7a.) ist aus dünnem Bronzeblech einfach zusammengebogen, zugenietet, auf der einen Seite längsgerieft und am oberen Rande mit einer breiten hakenförmigen Umbiegung versehen. Die untere dütenförmige Endigung ist mit Blei eingelöthet in eine mit einer kreisförmigen Scheibe und zwei kantigen, mit Zickzackornamenten verzierten Ringwülsten versehene Hülse, in deren unteres Ende, als Abschluss des Ganzen, eine zweite kreisförmige, an der unteren Seite mit einem flachen konischen Mittelknauf verzierte runde Platte geschoben ist. Diese sowohl wie die an dem unteren Scheidenende befindliche, als Ortband dienende, Hülse sind durch Guss hergestellt. Auf der Innenfläche der Scheide anhaftender Eisenrost, sowie das erwähnte Bleiloth, welches allerdings neueren Datums zu sein scheint, ausserdem aber der Umstand, dass die Scheide zu weit und 3 Ctmtr. zu lang ist für die Klinge, lassen es zweifelhaft erscheinen, ob beide Stücke zusammen gehören, wenngleich die angeblich zugehörige Bronzeklinge ziemlich gut hineinpasst. Gesammtlänge der Scheide: 39 Ctmtr.; Länge des Ortbandes: 5 Ctmtr.; Durchmesser der scheibenförmigen Verzierungen: 4,5 u. 3,5 Ctmtr.

Von Prof. Ed. Gerhard 1841 in Italien erworben.

8. (No. 1152 bei Friederichs.) Fundort: Unbekannt. Aus dem Besitze des Prinzlichen Secretärs Herrn Vollard in Berlin angekauft.

Schmale, zweischneidige, wenig geschweifte Klinge eines Bronzeschwertes mit kurzem an der Spitze defectem Griffdorn und zwei seitlichen, wahrscheinlich für Niete bestimmten, Einkerbungen an der schmalen Heftplatte. Der Rücken der Klinge ist abgerundet und geht fast unmerklich in die Schneiden über; die Spitze ist defect. Länge der Klinge: 44 Ctmtr.; Breite derselben: 2,5 Ctmtr.; Länge der Heftplatte: 2,5 Ctmtr.

Im Jahre 1852 erworben.

9. (Inv.-No. 6410.) Fundort: Unbekannt, wahrscheinlich Griechenland. Aus einer Athenischen Sammlung erworben.

Zweischneidige, breite Klinge eines kurzen Bronzeschwertes mit sehr breiter Heftplatte und ziemlich schmaler Griffzunge. Die Ränder der Heftplatte sowohl wie die der Griffzunge haben hochstehende Kanten. Länge der Klinge: 24 Ctmtr.; Breite derselben: 6 Ctmtr.; Breite der Heftplatte: 7 Ctmtr.; Länge des Griffes: 10 Ctmtr.; Breite der Griffzunge: 2 Ctmtr.

10. (No. 1149 bei Friederichs.) Fundort: Unbekannt.

Zweischneidiges Bronzeschwert mit lang ausgezogener Spitze und in der Mitte verbreiterter Griffzunge, welche in eine umgekehrt halbmondförmige Platte endigt. Das Stück ist dem unter Fig. 6 dieser Tafel abgebildeten in Allem vollkommen ähnlich, nur fehlt zwischen den beiden Systemen von Parallellinien auf der Heftplatte die doppelte Zickzacklinie. Länge der Klinge: 32,5 Ctmtr.; Breite derselben: 4 Ctmtr.; Länge des Griffes: 11,5 Ctmtr.; Breite der Heftplatte: 5 Ctmtr.; Breite der Griffzunge in der Mitte: 3,8 Ctmtr.; Länge der Schlussplatte: 5 Ctmtr.

11. (No. 1158 bei Friederichs.) Fundort: Unbekannt, wahrscheinlich Italien.

Kurzer zweischneidiger Dolch mit defecter, sehr dünner dreieckiger Klinge und bronzenem Griff. Die Klinge zeigt am Rande und auf der Heftplatte nur noch schwach erkennbare, aus Parallellinien und schraffirten Dreiecken combinirte Verzierungen, ähnlich Fig. 12 dieser Tafel. (S. a. Taf. XIII, Fig. 6.) Die sehr breite Heftplatte wird von dem unteren Theile des Griffes in einem sehr flachen Bogen umfasst und ist durch zwei Niete mit demselben verbunden. Der Mitteltheil des Griffes ist oval-cylindrisch und endet in eine, nach den Rändern zu dünner werdende ovale Platte. Die Klinge ist in der Mitte durchgebrochen und mit Blei gelöthet. Die von Friederichs in seiner Beschreibung gemachte Angabe, dass die Klinge aus einem mit Bronze überzogenen Eisenblatte hergestellt sei, beruht auf einem, wahrscheinlich durch die eigenthümliche Patinabildung veranlassten Irrthum. Die Patina hat sich nämlich in Form einer starken Kruste angesetzt und ist an einigen Stellen abgeblättert, wodurch der weniger oxydirte Bronzekern sichtbar geworden ist. Die eigenthümliche rothbraune Färbung des Letzteren gab wahrscheinlich zu der Verwechslung Anlass. Länge der Klinge: 12 Ctmtr.; Breite derselben an der Heftplatte: 6,5 Ctmtr.; Länge des Griffes: 10,5 Ctmtr.; Durchmesser der Knaufplatte: 4 u. 3 Ctmtr.

Nach einer an dem Stücke befindlichen Notiz zu urtheilen wahrscheinlich durch Herrn Professor Gerhard im Juni 1834 in Rom erworben.

12. (No. 1157 bei Friederichs.) Fundort: Unbekannt, wahrscheinlich Italien. S. a. Taf. XIII, Fig. 6.

Kurzer zweischneidiger Bronzedolch mit sehr dünner und breiter dreieckiger Klinge und geradem, dünnem Bronzegriff. Die Schneiden sind längsgefurcht und haben das Ansehen als seien sie gehämmert (gedengelt). Die Ränder der an der Spitze etwas abgerundeten Klinge sind mit Systemen von Parallellinien, auf deren innerer Seite dicht aneinandergereihte schraffirte Dreiecke mit ihrer Basis aufgesetzt sind, verziert. Ein ähnliches mit kurzen Schräglinien combinirtes Band läuft quer über die Heftplatte und in der Mitte senkrecht zu dem oberen Rande derselben; die flachbogige Rundung des Letzteren ist ebenfalls mit einer Reihe kleiner, schraffirter, mit der Spitze nach innen gerichteter, Dreiecke eingefasst. (S. Taf. XIII. 6.) Griff und Klinge sind durch neun dünne vierkantige Niete verbunden, deren Köpfe durch auf dieselben aufgetriebene conische, an der Spitze gekochte, Buckel gebildet werden. Der sehr schlanke eigentliche Grifftheil ist flach oval-cylindrisch mit fast scharfen Kanten. Die oben ganz ebene ovale Knaufplatte ist mit drei schrägschraffirten mit dem Rande parallellaufenden Bändern verziert. Länge der Klinge: 16,5 Ctmtr.; Breite derselben an der Heftplatte: 9 Ctmtr.; Länge des Griffes: 11,7 Ctmtr.; Stärke der Niete: 0,2 Ctmtr.; Durchmesser der Buckel: 0,7 Ctmtr.; Durchmesser der Knaufplatte: 4 u. 3 Ctmtr.

Nach einer an dem Stücke befindlichen Notiz wahrscheinlich im Juni 1834 durch Herrn Professor Gerhard in Rom erworben.

13. (No. 1151 bei Friederichs.) Fundort: Unbekannt, wahrscheinlich die Rheinlande. Aus dem Nachlass des Herrn Oberstlieutenant Schmidt zu Berlin.

Zweischneidige schmale Klinge eines Bronzeschwertes mit rundem, in die Schneiden direct übergehendem Rücken und sehr breiter Heftplatte, an deren Rande vier zum Theil nicht mehr ganzrandige Nietlöcher bemerkbar sind. Die Spitze ist defect. Länge der Klinge: 36,5 Ctmtr.; Breite derselben: 2 Ctmtr.; Länge der Heftplatte: 3,5 Ctmtr.; Breite derselben: 5 Ctmtr.

Im Jahre 1846 aus dem Nachlass des Herrn Oberst-Lieutenant Schmidt in Berlin erworben, dessen Sachen meist aus Funden in der Rheinprovinz herrührten. Die Erlangung specieller Fundnotizen wurde, nach Toelken's Angabe, durch das unerwartete Ableben des Besitzers vereitelt.

Tafel XIII.

1. **Fundort: Angeblich Pella in Macedonien.** S. Taf. XII. 4; Text: Seite 56. Im Antiquarium aufbewahrt.

2. **Fundort: Siebenbürgen.** S. Taf. XII. 1; Text: Seite 54. Im Antiquarium aufbewahrt.

3. **(Kat.-No. 10,536.) Fundort: Király-Lehota, Comitat Liptau, Ungarn.** S. Taf. XI. 21; Text: Seite 50.

4. **(Kat.-No. II. 3732.) Fundort: Karlswerk bei Niederfinow, Kreis Angermünde, Prov. Brandenburg. Geschenk Sr. Majestät des Königs Friedrich Wilhelm IV.** S. Taf. II. 5; Text: Seite 3 u. ff.

5. **(Kat.-No. II. 4298.) Fundort: Stechow bei Rathenow, Prov. Brandenburg.** S. Taf. IV. 21; Text: Seite 15 ff.

6. **Fundort: Unbekannt, wahrscheinlich Italien.** S. Taf. XII. 12; Text: Seite 59.

Tafel XIV.

1. Fundort: Unbekannt.

Einschneidiges Bronzemesser mit geschweifter, schwach nach aufwärts gerichteter Klinge und kurzem Griffdorn, an der Spitze defect. Länge der Klinge: 11 Ctmtr.; Breite derselben: 1,4 Ctmtr.; Länge des Dorns: 2,8 Ctmtr.

2. (Kat.-No. II. 2335.) Fundort: Unbekannt. Aus der Sammlung der Mutterloge zu den drei Weltkugeln zu Berlin.

Kurzes einschneidiges Messer mit geschweifter Schneide und dünnem quergerieftem Stiel, der in der Mitte mit einem kräftigen, kantigen Wulst verziert ist und in einen fest ansitzenden Ring endigt. Das Material ist, der rothen Färbung nach zu urtheilen, wenn nicht reines Kupfer, so doch ungewöhnlich stark kupferhaltig. Länge der Klinge: 12 Ctmtr.; Breite derselben: 2,5 Ctmtr.; Länge des Stiels: 4 Ctmtr.; Durchmesser des Ringes: 1,5 Ctmtr.; Stärke des Drahtes: 0,4 Ctmtr.

3. (Kat.-No. II. 2747.) Fundort: Egstede in Dithmarschen, Holstein. Aus der Messner'schen Sammlung. S. a. Taf. VII. Fig. 7—11.

Einschneidiges Bronzemesser mit sichelförmig gebogener Klinge und massivem Bronzegriff. Letzterer hat einen ovalen Querschnitt und endigt in eine ovale Knaufplatte mit ovalem Mittelknopf. Die Spitze fehlt, war aber nach einer im Messner'schen Kataloge vorhandenen Zeichnung früher vorhanden. Länge der Klinge: 6,5 Ctmtr.; Breite derselben: 2 Ctmtr.; Länge des Griffes: 6,3 Ctmtr.; Durchmesser des Knaufes: 2 Ctmtr.; Durchmesser des Mittelknaufes: 1 u. 0,5 Ctmtr.

Mit den Taf. VII. Fig. 7—11 abgebildeten und S. 28 u. ff. beschriebenen Gegenständen zusammen gefunden.

4. (Kat.-No. II. 4151 b.) Fundort: Unbekannt, wahrscheinlich Gegend von Calbe a. d. Saale. Aus der Sammlung des Herrn Dr. Herbst zu Calbe a. d. Saale.

Einschneidiges Bronzemesser mit geschweifter Klinge und Griffdorn. Die leider unvollständige Klinge ist nahe dem abgerundeten Rücken mit einer Reihe nach oben offener Bogen und nahe dem Griff mit zwei Reihen concentrischer Kreise, ähnlich Taf. VI, Fig. 18, verziert. Sie geht in einen runden Stiel über, der am Ende durch fünf schmale Rippen verstärkt ist und sich mit einem kräftigen Absatz direct in den bedeutend schwächeren vierkantigen nur unvollständig erhaltenen Dorn fortsetzt. Die Kanten des Letzteren sind abgestumpft. Länge der Klinge: 9 Ctmtr.; Breite derselben: 2,3 Ctmtr.; Länge des Stiels: 3,1 Ctmtr.; Stärke desselben: 0,9 Ctmtr., an der verstärkten Stelle: 1,2 Ctmtr.; Länge des Dornrestes: 2,3 Ctmtr.; Stärke desselben: 0,6 Ctmtr.

Obiges Messer wurde wahrscheinlich in einer aus der Gegend von Calbe a. d. Saale stammenden Urne gefunden, welche mit Zickzack- und Linienornamenten verziert ist in der Weise der Thüringischen mit Schnurornamenten verzierten Gefässe. (Vergl. Kruse: „Deutsche Alterthümer", Halle 1827, Bd. II, Heft II. u. III, Taf. I, Fig. 1.)

5. (**Kat.-No. 1010.**) **Fundort: Potsdam.** Aus der v. Minutoli'schen Sammlung.

Einschneidiges sichelförmig gebogenes Bronzemesser mit kurzem rundem Stiel, dessen abgeplattetes Ende mit einem Loche versehen ist. Länge der Klinge: 15 Ctmtr.; Breite derselben: 2 Ctmtr.; Länge des Stiels: 4,5 Ctmtr.; Durchmesser des Nietloches: 0,5 Ctmtr.

6. (**Kat.-No. II. 6286.**) **Fundort: Posen.** Geschenk des Herrn Commissionsrath Hoff zu Berlin.

Einschneidiges Bronzemesser mit sichelförmig gekrümmter Klinge und massivem Bronzegriff. Letzterer hat drei Längsrippen und endigte wahrscheinlich in einen Ring, von dem aber nur noch auf jeder Seite des Griffes kurze Fragmente übrig sind. Länge der Klinge: 11 Ctmtr.; Breite derselben: 2,5 Ctmtr.; Länge des Griffes: 8 Ctmtr.; Breite desselben: 1,3 Ctmtr.; Stärke desselben: 1 Ctmtr.

In beträchtlicher Tiefe in der Nähe von Posen beim Graben gefunden.

7. (**Kat.-No. 1030.**) **Fundort: Unbekannt.** Aus der v. Minutoli'schen Sammlung. In Folge einer früher stattgehabten Verwechselung mit dem unter Fig. 8 dieser Tafel abgebildeten Exemplar und unrichtiger Etikettirung auf der Tafel irrthümlich als bei Klein-Rössen gefunden bezeichnet.

Einschneidiges Bronzemesser mit sichelförmiger an der Spitze nach aufwärts gebogener Klinge und hohlem, mittels Griffdorn befestigtem, Bronzegriff. Die Schneide der Klinge ist breit und durch eine mit dem verstärkten Rücken derselben parallel verlaufende Auskehlung von Letzterem abgegrenzt. Der Seitenrand des Rückens ist nahe dem Griff mit einer punktirten Doppellinie verziert, die obere Fläche dagegen mit feinen, schwach erkennbaren Schräg- und Querlinien. Der etwas gebuckelte, in drei Abschnitte geschiedene Griff ist an dem Klingenende dreimal quergerippt. Die Grenze des ersten und zweiten Abschnittes bilden zwei kurze kräftige Dorne, welche senkrecht auf der Längsachse des Griffes stehen, mit dem Querschnitt des Klingenblattes aber gleiche Richtung haben. In der Mitte des ersten Abschnittes sind einige parallele ringsumlaufende Linien und einige ebenso verlaufende aus spitzwinklig gegeneinander gerichteten kurzen Schrägstrichen gebildete ährenähnliche Bänder noch schwach erkennbar. Unmittelbar hinter diesen Dornen und in gleicher Richtung mit ihnen ist ein mit seinen Enden etwas hervorragender Dorn aus dünnem Bronzedraht durch den Griff zu dessen Befestigung gesteckt. Der zweite Abschnitt des Griffes scheint in ähnlicher Weise wie der erste verziert gewesen zu sein. Der dritte, durch einen ringförmigen niedrigen Wulst abgegrenzt, ist seitlich abgeplattet, mit acht punktirten Längslinien, von denen einige nur noch schwach erkennbar sind, verziert. Auf den ebenen Seitenflächen scheinen ausserdem noch ährenförmige Längsornamente vorhanden gewesen zu sein. Den Abschluss des Griffes bildet ein nach aussen gekrümmter, mit seinen Enden ziemlich weit vorragender Querriegel in ähnlicher Weise wie die Knaufplatten der Taf. I, Fig. 3 u. 4 und Taf. II, Fig. 3 u. 4 abgebildeten, bei Stölln und Briesikow in der Mark Brandenburg gefundenen Schwerter. In der Mitte der Endfläche ist die Oeffnung des Längscanals für den Griffdorn der Klinge. Vielleicht war hier auch zur Befestigung des Letzteren eine knopfförmige Endigung vorhanden. Länge der Klinge: 13 Ctmtr.; Breite derselben: 2 Ctmtr.; Länge des Griffes: 10,5 Ctmtr.; Stärke desselben: 1,2 Ctmtr.; Breite desselben mit Inbegriff der beiden Dorne: 2,5 Ctmtr.; Länge des Schlussriegels: 2,8 Ctmtr.

8. (**Kat.-No. 817.**) **Fundort: Klein-Rössen an der schwarzen Elster, Kreis Schweinitz, Reg.-Bez. Merseburg, Prov. Sachsen.** Aus der Sammlung des verstorbenen Kreis-Physikus Dr. Wagner zu Schlieben. Auf der Tafel ist in Folge früher stattgehabter Verwechselung mit dem unter Fig. 7 abgebildeten Stück der Fundort als unbekannt angegeben.

Einschneidiges Bronzemesser mit geschweifter Klinge und massivem Bronzegriff. Ein kurzes, rundes, quergeripptes Mittelstück, nahe dem Klingenansatz mit zwei gekreuzten Linien verziert, verbindet beide. Der Griff selbst ist in zwei Abschnitte geschieden. Der erste derselben ist rund, nach dem Ende zu stärker werdend und durch zwei in der Ebene des Klingenblattes vorspringende Fortsätze von dem zweiten abgegrenzt. Darauf folgt ein bogenförmig gekrümmtes Stück, welches in die viereckige seitlich durchbohrte, am Ende bogig ausgeschnittene Endplatte ausläuft. Das Stück hat Aehnlichkeit mit den Taf. VI, Fig. 8 und Taf. XVI, Fig. 30, bei Schmon im Mansfeldischen und bei Lezzen in Mekklenburg-Schwerin gefundenen Exemplaren. Länge der Klinge: 16 Ctmtr.; Breite derselben: 2 Ctmtr.; Länge des Griffes: 10 Ctmtr.

Das Messer ist in dem handschriftlichen Verzeichnisse Wagner's mit No. 109 bezeichnet und abgebildet in Wagner's: „Aegypten in Deutschland“; Leipzig 1833, Taf. II, Fig. 1, woselbst sich auf Seite 68 u. ff. folgende Beschreibung findet: „Ein Messer von Bronze in genauer Grösse, welches in einem grossen hohen Grabe, über vier Ellen tief, in den Grabhügeln bei Klein-Rössen, zwischen zwei Aschenurnen ruhend gefunden wurde; es ist schön mit edlem Rost gekleidet und gut erhalten.“ Seite 9 ebendaselbst findet sich folgender von Wagner verfasster Fundbericht: „Den 28. Mai 1828 begab sich der Schullehrer Schmidt in Schlieben, ein sehr eifriger, örtlicher Alterthumsforscher, und darum ein sehr verdienter, werther Mann, auf meine Veranlassung nach Klein-Rössen, um in den merkwürdigen Gräbern unweit des Ortes, deren Lage in dem angehängten Verzeichniss und auf der Karte unter No. 1 nachzusehen ist, abermals sorgfältige Nachgrabungen unter seiner Leitung vollziehen zu lassen. Er nahm zu diesem Behuf fünf Lohnarbeiter an und öffnete mit diesen 14 Hügel, worunter sich ein grosser, jedoch nur von mittlerem Range, befand; alle übrigen gehörten zu den kleinen. Der Erfolg war folgender: In den ersten beiden Gräbern befand sich der Inhalt durch das Naturgesetz zerstört etc.“ Seite 10: „Da nun die Ausbeute in den kleinen Gräbern so äusserst gering war und die viele Mühe und der Kostenaufwand hier so höchst schlecht belohnt wurden, so entschloss sich der Schullehrer Schmidt einen mit sehr starken Bäumen bewachsenen Hügel von 7 Ellen Höhe und 100 Schritten, dicht am unteren Rande gemessen, im Umkreise, öffnen zu lassen, so sehr er auch solche Arbeit scheute. Es wurde in dem Mittelpunkt von oben, durch einen 7 Ellen im Durchmesser haltenden Stollen eingegangen. Bis zur Tiefe von 4 Ellen gab es nichts als einzelne Scherben unter dem Sande, wobei die starken Baumwurzeln und ein grosser sehr starker Kieferstamm die Arbeit sehr erschwerten. In fünfelliger Tiefe stiess man erst auf zwei Aschenurnen, beisammen stehend; dazwischen lag ein wohlgeformtes Messer aus Bronze, wie dies Fig. 1 in Grösse und Gestalt vorlegt. In einer dieser Urnen waren, unter den, in solcher befindlichen Asche und Knochenstücken von Menschengebeinen, zwei beträchtlich grosse, unförmlich zum Theil gezackt gestaltete Klumpen zerflossenes Metall und dabei ein Stück von einer Bronzenadel nebst einem Doppelring. Ich glaube, dass dieser Ring ein Ohrgehänge gewesen sein mag. Die calcinirten Knochen in der zweiten Urne waren mit vielen Stücken spiralförmig gewundenem Draht in Bandgestalt, einem Fingerring, einem Stück von einer Messerklinge, alles von Bronze, und mehreren unförmlichen Stücken von geschmolzenem Metall untermengt. In der Nachbarschaft dieser beiden Aschenurnen, wovon eine eine sehr angenehme Form hat, die andere aber plump gestaltet ist, standen noch mehrere Aschenurnen und andere, nur mit reinem unvermischtem Sand gefüllte Beigefässe, die als Mitgaben zu betrachten waren, aber wovon kein Stück ganz aus der Erde zu fördern war. Jetzt wurde weit und breit um diesen Urnenstand das Eingeweide des Hügels untersucht, aber nichts als Sand vorgefunden. Erst wieder in sechselliger Ferne davon zeigten sich sechs Stück Grabgefässe traulich beisammenstehend. Alle wurden unverletzt aus der Erde hervorgezogen; zwei davon waren Aschenurnen, die übrigen aber Beigefässe, wahrscheinlich zum neuen Haushalt in jenem Leben mitgegeben. Die eine von diesen Mitgaben, von 7 Zoll Höhe, fasste noch drei kleinere in sich. Bei dem Tiefergraben fand sich weiter nichts, wenigstens im Mittelpunkte von 7 Ellen im Durchmesser nicht. Steine hatte das Grab gar nicht.“

9—14. (Kat.-No. II. 5646—5651.) Fund von Polzen bei Schlieben, Kreis Schweinitz, Reg.-Bez. Merseburg, Provinz Sachsen.

9. (Kat.-No. II. 5646.) Hälfte einer bronzenen Gussform für Paalstäbe mit Schaftlappen von der Form und Grösse des Fig. 10 abgebildeten Exemplars. Die Schaftlappen bilden in der Form einfach grade aufgerichtete Ansätze an die Kanten in der Richtung der Seitenflächen; sie mussten demnach zum Zwecke der

Aufnahme der Handhabe nachträglich gekrümmt werden, wie das daneben abgebildete Exemplar zeigt. Zur Verbindung der beiden Hälften beim Giessen dienten die 3 Zapfen, welche auf dem Rande der abgebildeten Hälfte vorhanden sind und in 3 Vertiefungen der anderen, leider nicht mehr erhaltenen, Hälfte eingriffen. Das Metall floss direct durch die sehr weite trichterförmige Oeffnung an der Endigung des Bahnendes in die Form ein. Länge der Form: 22,5 Ctmtr.; grösste Breite derselben: 6,2 Ctmtr.

10. (Kat.-No. II. 5647.) Paalstab, in der Mitte etwas seitlich comprimirt, mit Schaftlappen, gradem vierkantigem Bahnende und runder etwas verbreiterter Schneide, welche wahrscheinlich durch Hämmern geschärft und dadurch so verbreitert wurde, dass dieselbe jetzt in die Gussform nicht mehr hineinpasst. Länge: 7,5 Ctmtr.; Breite des Bahnendes: 2,2 Ctmtr.; Breite der Schneide: 4,3 Ctmtr.

11. (Kat.-No. II. 5648.) Speerspitze mit bis zur Spitze reichender Schafthülse, unregelmässig rautenförmigem Blatt und zwei Nietlöchern senkrecht unterhalb der Ansätze der Blattflügel. Länge: 14,3 Ctmtr.; Länge der Schafthülse: 7 Ctmtr.; unterer Durchmesser derselben: 2 Ctmtr.; Durchmesser der Nietlöcher: 0,2 Ctmtr.; Breite des Blattes: 4,5 Ctmtr.

12. (Kat.-No. II. 5651.) Einschneidiges sichelförmiges Bronzemesser, an dem Griffende abgestutzt; wie es scheint, war früher ein Griffdorn vorhanden. Länge: 15 Ctmtr.; Breite: 2,6 Ctmtr.

13. (Kat.-No. II. 5650.) Spiralig längsgefurchter Bronzering mit abgerundeten, leicht quergerippten Endigungen, anscheinend aus einem um seine Längsaxe gedrehten vierkantigen Bronzestabe hergestellt. Durchmesser: 9 Ctmtr.; Stärke des Stabes: 1 Ctmtr.; Breite der Furchung: 0,5 Ctmtr.

14. (Kat.-No. II. 5649). Stark gekrümmte Bronzesichel mit aufwärts gebogener Spitze und Querdorn am Stielende. Das Blatt ist auf der einen Seite glatt; auf der andern, hier dargestellten, verläuft parallel mit dem erhöhten Seitenrande und nahe demselben eine flache Rippe. Einige andere solche gehen von dem Dorn aus parallel mit dem hinteren Rande nach der Schneide zu. Länge: 15,5 Ctmtr.; Breite: 2,5 Ctmtr.; Länge des Dornes: 1,5 Ctmtr.; Stärke desselben: 0,6 Ctmtr.

Sämmtliche Stücke waren ursprünglich mit einer rostbraunen Patina, welche an den, durch Abblätterung entblössten, Stellen eine hellgraugrüne Farbe und mehlige Beschaffenheit zeigt, überzogen.

„Auf dem Acker des Häfner Gottlob Richter ausgegraben." Im Jahre 1865 erworben.

Tafel XV.

1. (Kat.-No. I. 4284.) Fundort: Stöllen bei Rhinow, westliches Havelland, Provinz Brandenburg. Geschenk des Herrn Rentier Teichert zu Potsdam. S. a. Taf. I. 1—3, Taf. II, 2 und Taf. VI, 3 und 4. Text: Seite 1 u. ff.

Einhenkeliges, kannenförmiges, stark gebauchtes Thongefäss von gelblichgrauer Farbe aus grober, schwach gebrannter Masse. Der etwas nach aussen umgebogene Rand der Mündung, der Henkel und die eine Seite des Bauches sind defect. Der fast stumpfkantige Bauch befindet sich sehr nahe dem schmalen, etwas concaven Boden; eine seichte Auskehlung bildet seine Begrenzung gegen den Hals zu. Höhe: 13,5 Ctmtr.; Durchmesser in der Bauchgegend: 19 Ctmtr.

2. (Kat.-No. I. 677.) Fundort: Steesow in der West-Priegnitz, Provinz Brandenburg. Aus der Sammlung des Rectors Professor Danneil zu Salzwedel. S. a. Taf. VI. 5 und Text: Seite 21.

Herr von Ledebur giebt S. 101 seines gedruckten Kataloges folgende Beschreibung von dem abgebildeten Gefässe:

„Als etwas sehr Merkwürdiges muss das ebendaselbst (bei Stresow) beim Pflügen ans Tageslicht gekommene und von dem Herrn Oberamtmann Meyer zu Chorin dem Herrn Professor Danneil geschenkte mörserähnliche Gefäss (I. 677, abgebildet Taf. IV) von gebrannter, grobkörniger, rother Ziegelerde betrachtet werden. Es ist sehr roh, ganz uneben, aus freier Hand geformt, an den Seiten mit 2 unförmlichen 2" (= 5,3 Ctmtr.) dicken Henkeln versehen, hat eine Höhe von 16½" (= 43,2 Ctmtr.), in der Mitte eine Weite von 15½" (= 41 Ctmtr.), unten von 11" (= 28,7 Ctmtr.); dabei sind die Wände 2" (= 5,3 Ctmtr.) stark und das ganze Gefäss wiegt nahe an 100 Pfund (= 50 Kilogr.)."

Auf den Mündungsrand sind einige radiär gestellte „Tannenzweigverzierungen" eingeritzt.

Tafel XVI.

1. (Kat.-No. II. 1160s.) Fundort: Schaalby bei Schleswig, Provinz Schleswig-Holstein. Aus der Sammlung des Herrn Schilling zu Hamburg.

Zweischneidige grade Klinge eines in zwei Stücke zerbrochenen Bronzeschwertes mit kräftigem abgerundetem Mittelrücken, breiter Heftplatte und kurzer Griffzunge. In einem der vier Nietlöcher der Heftplatte steckt noch der Niet. Die Ränder der oben bogig ausgeschnittenen Griffzunge sowie auch der Heftplatte haben hochstehende Kanten. Das an der Spitze etwas defecte Stück ist mit einer starken, stellenweise sehr rauhen grünen Patina bedeckt, an welcher auf der Heftplatte noch Spuren des ehemaligen Griffbelages aus Holz oder Horn erkennbar sind und den unteren halbkreisförmigen Rand desselben ziemlich deutlich erkennen lassen. Länge der Klinge: 52 Ctmtr.; Breite derselben: 3,2 Ctmtr.; Breite der Heftplatte: 6 Ctmtr.; Länge derselben: 4 Ctmtr.; Länge der Griffzunge: 6 Ctmtr.; Breite derselben: 2,5 Ctmtr.

In Schilling's Katalog: No. 1108.

2. (Kat.-No. II. 9609.) Fundort: Sarup, Schleswig-Holstein. Aus der Schillingschen Sammlung.

Zweischneidige Klinge eines Bronzeschwertes, in zwei Stücke zerbrochen und mit einer dicken warzigen Patina bedeckt. Der schmale Mittelgrat ist auf jeder Seite von sechs feinen Längsrippen eingefasst; an der faserigen, haarähnlichen Oberfläche der Patina mancher Stellen erkennt man, dass dies Schwert in einer mit einem Thierfelle innen ausgekleideten Scheide steckte, wie dies schon bei den auf Taf. VII, 1, Taf. VIII, 2, 6 u. 12, Taf. IX, 13 abgebildeten Exemplaren beschrieben wurde. Die untere Griffpartie fehlt. Ein noch vorhandener sich nach dem oberen Ende zu verjüngender, viereckiger Griffdorn verlief durch die Mitte des Griffes, welcher in einen kleinen rautenförmigen Knauf mit abgerundeten Ecken, von dem nur die obere mit einem ähnlich geformten Centralknauf versehene Platte erhalten ist, endigte. Der Rand der Letzteren ist durch eine schmale tiefe, ehemals wahrscheinlich mit Harz ausgefüllte, ringsumlaufende Furche besonders hervorgehoben. Der Zwischenraum zwischen denselben und dem Mittelknauf ist durch einen Kranz von acht kreisförmigen, mit concentrischen Kreisen umgebenen, ehemals wahrscheinlich auch mit einer Kittmasse ausgefüllten Vertiefungen ausgefüllt. Am Rande der Innenfläche der Knaufplatte haftet noch ein Rest des aus Thonmasse bestehenden Gusskernes. Länge der Klinge: 54 Ctmtr.; Breite derselben: 3,5 Ctmtr; Länge des Griffdornrestes: 7 Ctmtr.; Durchmesser der Knaufplatte: 3,7 u. 3 Ctmtr.; Seitenlänge derselben: 2,8 Ctmtr.

In Schilling's Verzeichniss unter No. 1109 aufgeführt.

3. (Kat.-No. II. 8657.) Fundort: Schonen. Aus der Sammlung des Herrn Dr. Brunius zu Landskrona.

Oberer Theil eines zweischneidigen Bronzedolches mit Griffdorn und Bronzeknauf. Die sich schnell verjüngende Klinge ist durch Oxydation stark zerstört. Der untere dreifach bogig ausgeschnittene Theil des

Griffes, ähnlich den auf Taf. IV. 20, Taf. VIII. 11 u. 13, Taf. IX. 28 abgebildeten Exemplaren, ist mit vier Nieten an der Heftplatte befestigt und trägt eine kurze Hülse von ovalem Querschnitt für die verloren gegangene Bekleidung des mittleren Grifftheiles. Die Klinge endigt in einen vierkantigen Griffdorn, welcher in den hohen Mittelknopf der Knaufplatte ausläuft; der Knauf selbst besteht aus einem kurzen unteren cylindrischen Theile von ovalem Querschnitt, welche als Hülse zur Aufnahme des oberen Endes der Griffbekleidung diente und einer breiten spitzovalen kräftig gebildeten Platte. Die Ornamentirung des Stückes ist sehr reich und besteht zum Theil aus Vertiefungen, welche ursprünglich mit einer, aus den unbedeutenden anhaftenden Spuren nicht mehr erkennbaren, Substanz (Holz?) ausgefüllt waren, zum Theil aus schmalen quergerippten Bändern oder Zickzacklinien, welche den Contouren der betreffenden Theile folgen. Die Schmalseiten des Griffes sind an der für die Bekleidung desselben bestimmten oberen und unteren Hülse mit schmalen, oblongen Rabatten, welche mit schrägliegigen Kreuzschraffirungen ausgefüllt sind, geschmückt. Den hohen spitzigen Mittelknauf umgiebt ein Kranz von acht vier- und fünffachen concentrischen Kreisen. Die Zwischenräume zwischen denselben, ebenso diejenigen zwischen den Nieten, sind, behufs Aufnahme von Einlagen, ausgetieft, ebenso zeigen die erwähnten Hülsen schmale Quereinschnitte und die Knaufplatte längs des Randes eine tiefe Rinne, welche dieselbe Bestimmung hatten. Länge des Klingenrestes: 5,2 Ctmtr.; Breite desselben: 3,5 Ctmtr.; Länge des Griffes: 11 Ctmtr.; Durchmesser der Knaufplatte: 5,3 u. 4,3 Ctmtr.; Höhe des Knaufs: 3,5 Ctmtr.

4. u. 5. (Kat.-No. II. 2849 u. II. 2667.) Fundort: Brickeln in Dithmarschen, Holstein. Aus der Messner'schen Sammlung.

4. (Kat.-No. II. 2849.) Bronzenes, oval-cylindrisches, unteres Ortband von einer Schwertscheide, sehr stark oxydirt; der obere Rand ist auf der einen Seite defect. Nahe dem Letzteren und in der Mitte desselben befindet sich ein kleines Nietloch. Die untere Fläche ist völlig eben. Durchmesser der Grundfläche: 3 und 1 Ctmtr.; Höhe 1,3 Ctmtr.; Durchmesser des Nietloches: 0,2 Ctmtr.

5. (Kat.-No. II. 2667.) Bronzener, stark oxydirter, in der Mitte durch einen ringsumlaufenden Wulst quergetheilter Paalstab mit Schaftrinne. Die Schneide ist bogenförmig; die Seitenkanten des in seinem oberen Theile runden Schneidentheils bilden eine erhabene Leiste. Unterhalb des die Mitte bezeichnenden Ringwulstes sind Spuren von Querrippung zu bemerken. Der Schafttheil ist keilförmig gestaltet und hat grade Seitenflächen. Die faserige Beschaffenheit der Oberfläche der Patina in den Schaftrinnen deutet vielleicht auf Spuren der ehemaligen Holzschäftung. Ganze Länge: 15 Ctmtr.; Länge des Schneidentheils: 8 Ctmtr.; Breite der Schneide: 3,5 Ctmtr.; Breite des Schafttheils: 1,8 Ctmtr.

Messner berichtet in seinem handschriftlichen Kataloge über beide Gegenstände Folgendes: „Framea (Kat.-No. II. 2667, Fig. 5 dieser Tafel) gefunden in Begleitung eines Stossdegens in einem Hügel zu Osten Brickeln mit einem Knopf (Kat.-No. II. 2849, Fig. 4 dieser Tafel), der wahrscheinlich dem Stiel der Framea angehört hat."

Ausserdem wird noch ein sehr ähnlicher Fund, ebenfalls aus der Messner'schen Sammlung herstammend, im Museum aufbewahrt. Derselbe besteht gleichfalls aus einem quergetheilten Paalstabe mit Schaftrinnen und einem dem obigen ganz ähnlich geformten unteren Ortband einer Schwertscheide (Kat.-No. II. 2672a. u. b.) Jedoch sind dieselben grösser; auch hat der Paalstab drei Ringwulste in der Mitte und ist der Schneidentheil oben nicht rund sondern vierkantig mit gerundeten Seitenflächen. Ausserdem sind die Seitenflächen des Ortbandes quergerippt und statt mit einem Nietloch mit zwei dünnen Nieten versehen. Gesammtlänge des Paalstabes: 16,5 Ctmtr.; Länge des Schneidentheiles: 9 Ctmtr.; Breite der Schneide: 4 Ctmtr. Die Grössenverhältnisse des Ortbandes sind folgende: Durchmesser der Grundflächen: 4,5 u. 1,8 Ctmtr.; Höhe: 1,5 Ctmtr. Messner bemerkt dazu: „Gefunden bei Oersdorf (Dithmarschen) in einem grossen Grabhügel, in Begleitung zweier Stossdegen und einer metallenen Pfeilspitze."

6—8. (Kat.-No. II. 10,655, II. 10,657, II. 10,658.) Fund von Mahndorf bei Halberstadt, Provinz Sachsen. Geschenk des Herrn Rittergutsbesitzer Augustin auf Ziegelsdorf bei Burg im Magdeburgischen.

6. (Kat.-No. II. 10,655.) In mehrere Stücke zerbrochene, stark oxydirte Klinge eines zweischneidigen Bronzeschwertes mit starkem, abgerundetem Mittelgrat und breiter dünner Schneide. In der Heftplatte stecken noch zwei starke an den Enden breitgeklopfte Niete; ausserdem lassen zwei Ausbuchtungen in den defecten Rändern vermuthen, dass ausserdem noch zwei Nietlöcher vorhanden waren. Der Griff hatte, wie Spuren an der Heftplatte zeigen, unten einen bogigen Ausschnitt und bestand aus Holz oder Horn. Länge der Klinge: 40 Ctmtr. (die zwei grössten Fragmente); Breite derselben: 3 Ctmtr.; Länge der Heftplatte: 3 Ctmtr.; Länge der Niete: 1,7 Ctmtr.; Stärke derselben: 0,5 Ctmtr.

7. (Kat.-No. II. 10,658.) Am Rande der Heftplatte defecte zweischneidige Klinge eines Bronzedolches mit einfacher Rückenscheide. In der Heftplatte stecken noch zwei an den Enden breitgeklopfte Niete. An der stark entwickelten grünen Patina kleben an einigen Stellen mehrere Reste von wurzelähnlichen Bildungen. Länge der Klinge: 18 Ctmtr.; Breite derselben: 2,7 Ctmtr.; Länge der Heftplatte: 1,5 Ctmtr.; Länge der Niete: 1,3 Ctmtr.; Stärke derselben: 0,4 Ctmtr.

8. (Kat.-No. II. 10,658.) Fragmentirtes Blatt einer bronzenen Lanzenspitze von lanzettförmiger Gestalt mit schmaler hoher Mittelrippe, welche am Schaftende sich verflachte und, wie die Spuren erkennen lassen, mit mindestens zwei Nietlöchern versehen war. Die Spitze fehlt. Das Stück ist grösstentheils mit einer starken Schicht warziger, grüner Patina bedeckt. Aehnliche Lanzenspitzen sind abgebildet: Taf. IV, 10, IX, 27; mit ähnlichem Blatt aber mit breiter Schafttange: Taf. XI, 27 u. 28. Gesammtlänge: 11,5 Ctmtr.; Breite: 4 Ctmtr.

Zu diesem Funde gehören ferner: Ein grosser bronzener offener Halsring, nach den Enden zu verjüngt, mit Zickzacklinien und anderen linearen Ornamenten reich verziert; letztere sind jedoch durch die starke Oxydation sehr unkenntlich geworden [Durchmesser: 15 Ctmtr.; Stärke des Stabes: 1 Ctmtr. (Kat.-No. II. 10,659.)]. Ausserdem ein in drei Stücke zerbrochener, breiter, offener, ovaler Armring, auf der Aussenfläche fünffach quergerippt. [Breite: 2,5 Ctmtr.; Durchmesser: 6 u. 8 Ctmtr. (Kat. No. II. 10,656)].

Nach einer an den Stücken befindlichen Notiz wurden dieselben in dem Steinkohlenberge bei Malsdorf in der Nähe von Halberstadt, Reg.-Bez. Magdeburg, Prov. Sachsen, gefunden.

9. (Kat.-No. II. 10,669.) Fundort: Unbekannt, wahrscheinlich Gegend von Halberstadt, Reg.-Bez. Magdeburg, Provinz Sachsen. Geschenk des Herrn Rittergutsbesitzer Augustin auf Ziegelsdorf bei Burg im Magdeburgischen.

Zierliche schön patinirte schmale Klinge eines zweischneidigen Bronzeschwertes mit einfacher abgerundeter Rückenscheide und breiter Heftplatte, in welcher noch zwei vierkantige Niete mit breiten ringförmigen Köpfen stecken und an deren oberem defectem Rande noch zwei Ausbuchtungen auf das ehemalige Vorhandensein von zwei ferneren Nietlöchern deuten. Die sehr schmale Schneide markirt sich nur in sehr geringem Masse als eine flache Auskehlung der Rückenwölbung. Aus der Färbung und dem sonstigen Ansehen der Patina lässt sich erkennen, dass die untere Partie des Griffes die Heftplatte mit einem tiefen bogigen, nahezu kreisförmigen Ausschnitte umfasste. Länge der Klinge: 36,5 Ctmtr.; Breite derselben: 2,7 Ctmtr.; Länge der Heftplatte: 4 Ctmtr.; Breite derselben: 4,8 Ctmtr.; Länge der Niete: 1,8 Ctmtr.; Stärke derselben: 0,3 Ctmtr.; Durchmesser der Nietköpfe: 1,2 Ctmtr.

10. (Kat.-No. II. 10,673.) Fundort: Unbekannt, wahrscheinlich Gegend von Halberstadt, Reg.-Bez. Magdeburg, Provinz Sachsen. Geschenk des Herrn Rittergutsbesitzer Augustin auf Ziegelsdorf bei Burg.

In zwei Stücke zerbrochenes bronzenes Schwert mit bronzenem Griff. Die Klinge ist leicht geschweift, schilfblattförmig, mit einfacher Rückenscheide und flachen Ausschnitten an den Rändern der Schneiden dicht unterhalb des Griffes. Sie ist mit zwei dünnen Nieten an dem sehr flachen Griff befestigt. Letzterer umfasst die Heftplatte mit einem grossen halbkreisförmigen Bogen, der noch durch ein aus vier parallelen, zwei punktirten und zwei continuirlichen, Linien bestehendes Ornament besonders markirt wird. Der eigentliche, sehr flachovale, fast scharfkantige, nach oben sich verjüngende Mitteltheil des Griffes ist von dem Klingentheil durch eine undeutende punktirte Linie geschieden und mit zwei gedoppelten, ringförmigen Querwülsten, welche von zwei Randlinien begrenzt werden und, wie es scheint, schräg gerippt waren, verziert. Vermuthlich war auf jede der genannten Randlinien noch eine Reihe concentrischer Halbkreise aufgesetzt. Der Knauf bestand, nach dem Reste zu urtheilen, wahrscheinlich in einer grösseren, oben concaven dünnen Platte, mit conischem quergerippten Mittelknauf. Griff sowohl wie Klinge sind nicht nur an ihrer Oberfläche, sondern auch auf den schon alten Bruchflächen ausserordentlich porös, vielleicht in Folge von Anätzung durch die umgebenden Massen, in welchen das Stück gefunden wurde. Das untere Klingenende ist krumm gebogen. Länge der Klinge: 46 Ctmtr.; Breite derselben: 3,5 Ctmtr.; Länge des Griffes. 10 Ctmtr.

Scheint in einem Moor gefunden zu sein.

11. (Kat.-No. II. 10,672.) Fundort: Gegend von Halberstadt, Reg.-Bez. Magdeburg. Geschenk des Herrn Rittergutsbesitzer Augustin auf Ziegelsdorf bei Burg im Magdeburgischen.

Sehr schön erhaltene, schilfblattförmige Klinge eines zweischneidigen Bronzeschwertes mit langen, gradlinigen Randausschnitten dicht unterhalb des Griffes und breiter, auf den Seitenflächen vertiefter, Griffzunge. Leider ist das Stück zum grössten Theile seiner Patina durch Abschleifen beraubt und in Einzelheiten oberflächlich beschädigt worden. Wie es scheint war nur eine einfache flach abgerundete Rückenscheide vorhanden und waren die schmalen Schneiden durch eine Auskehlung von dem breiten Rücken abgezweigt. Ausserdem war die Spitze noch mit einem System von feinen, mit der Schneide parallel laufenden, Haarlinien verziert, welche wahrscheinlich, wie dies bei den Taf. XI, Fig. 21 u. 22 und Taf. XII, Fig. 1 u. 3 abgebildeten der Fall ist, an der breitesten Stelle der Klinge plötzlich abbrachen und statt deren dann nur noch zwei bis in die Gegend der seitlichen Randausschnitte verliefen. Der zwischen den Letzteren befindliche Klingentheil ist sowohl von dem vorderen Abschnitte als auch an den beiden Rändern von einer dreifachen punktirten Linie umsäumt. Der Grifftheil besteht aus einer trapezförmigen Heftplatte mit zwei Nietlöchern und einem ovalen Mitteltheil, ebenfalls mit zwei Nieten, dessen Ränder nach einer Unterbrechung durch einen Querwulst sich mit einer Umbiegung nach aussen direct in die Ränder des verbreiterten Knauftheils fortsetzen. Während dieselben bis hieher, auch an der Heftplatte, erhaben waren, brechen sie hier plötzlich ab und behalten nur noch die gleiche Stärke, wie die Mittelpartie der Griffzunge, welche in eine abgestumpfte, aus Unvorsichtigkeit oder Muthwillen, leider umgebogene dreieckige Spitze mit leicht nach innen ausgeschweiften Seiten ausläuft. Das Stück hat sehr grosse Aehnlichkeit mit dem Taf. II, Fig. 7 abgebildeten bei Seedorf in der Nähe von Genthin, Reg.-Bez. Magdeburg, gefundenen Exemplar, nur mit dem Unterschiede, dass es grösser und vollständiger erhalten ist. Länge der Klinge: 48 Ctmtr.; Breite derselben: 4 Ctmtr.; Länge des Griffes: 11,5 Ctmtr.; grösste Breite desselben: 3,2 Ctmtr.

12—22. (Kat.-No. II. 10,638 — II. 10,641; II. 10,646; II. 10,647b. u. c.; II. 10,650; II. 10,652a. u. b.) Fund von Thale im Harz, Reg.-Bez. Magdeburg, Provinz Sachsen. Geschenk des Herrn Rittergutsbesitzer Augustin auf Ziegelsdorf bei Burg im Magdeburgischen.

12 u. 13. (Kat.-No. II. 10,652a. u. b.) Kleine conische Deckel aus getriebenem Bronzeblech mit vier Ausschnitten an der Basis und zwei kleinen Löchern nahe derselben. Bei sehr vielen ist die Spitze durchbrochen. Fig. 12 stellt die obere und Fig. 13 die untere Ansicht dar. Grösste Breite an der Basis: 2,5 Ctmtr.; Höhe: 1,4 Ctmtr.

14. (Kat.-No. II. 10,639.) Sehr zierlicher und schön erhaltener Bronzepaalstab mit runder Schneide und flachen Schaftrinnen, welche durch die hochstehenden Kanten der nach innen geschweiften Seitenränder gebildet werden. Länge: 15,9 Ctmtr. Breite der Schneide: 3,8 Ctmtr. Breite des Bahnendes: 1,3 Ctmtr.; grösste Höhe der Seitenränder: 0,9 Ctmtr.

15. Aehnlicher zierlicher Bronzepaalstab, an der Schneide beschädigt; das Bahnende ist gradlinig oblong gebildet, der Schneidentheil nach innen bogig geschweift und durch eine seitliche Compression an der Verbindungsstelle besonders markirt. Länge: 14,5 Ctmtr.; Breite der Schneide: 3,8 Ctmtr.; Breite des Bahnendes: 1,2 Ctmtr.; grösste Höhe der Schmalseiten: 1 Ctmtr.

16. Zweischneidige, nach der Spitze zu sich stark verjüngende Klinge eines kurzen Bronzedolches mit neun, den Schneiden parallel laufenden, die ganze Oberfläche bedeckenden flachen Rippen. Die kurze Heftplatte ist oben bogig abgerundet und mit fünf runden, an den Enden angeklopften Nieten versehen, von denen die mittleren länger sind als die äusseren, so dass also, hiernach zu urtheilen, der untere Grifftheil in der Mitte stärker war als an den beiden Seiten. An der verschiedenen Färbung der Patina lässt sich erkennen, dass der untere Rand des die Heftplatte umfassenden Grifftheiles ebenfalls bogig ausgeschnitten war. Länge der Klinge: 20 Ctmtr.; Länge der Heftplatte: 2,5 Ctmtr.; Breite derselben: 6 Ctmtr.; Länge der Niete: 1,2—1,6 Ctmtr.; Stärke derselben: 0,6 Ctmtr.

17. (Kat.-No. II. 10,647c.) Dünn gegossene, kreisförmige Bronzeplatte, in der Mitte mit konischem Buckel verziert, umgeben von fünf kleineren flachen getriebenen Buckeln, welche in regelmässigen Abständen von einander nahe dem Rande angebracht sind. Dieselben sind mit einer eingeschlagenen punktirten Linie an ihrer Basis eingefasst und durch, in gleicher Weise hergestellte, Schräglinien mit einander verbunden, so dass diese punktirte Linie eine Art Wellenornament bildet. Der Rand ist durch eine doppelte punktirte und mit einem Laufmeissel eingeschlagene glatte Linie noch besonders verziert. Ebenso umgeben den mittleren Buckel einige unregelmässig und nachlässig ausgeführte, ebenfalls mittels Laufmeissel eingeschlagene, concentrische Kreislinien. Auf der Mitte der Rückseite ist ein, aus einem einfachen gekrümmten Stabe gebildetes, Oehr angegossen. Der Rand ist auf der einen Seite etwas defect. Durchmesser: 6,5 Ctmtr.

18. (Kat. No. II. 10,647b.) Ganz ähnliche, etwas ovale Zierscheibe, statt des Wellenornamentes mit einem sechszackigen Stern verziert. Die Contouren des Letzteren sind mittels eines meisselförmigen Instrumentes eingeschlagen und die Felder mit eingeschlagenen Punktreihen ausgefüllt. Durchmesser 6 u. 6,7 Ctmtr.

19. (Kat. No. II. 10,650a.) Fragment einer cylindrischen Armspirale aus einem mit grosser Genauigkeit gearbeiteten, auf der Innenseite flachen, aussen gerundeten, Draht gewickelt, welche in einfache Spitzen endigt und auf der Aussenseite mit kurzen in regelmässigen Abständen eingeschlagenen Querlinien verziert ist. Durchmesser im Lichten: 6 Ctmtr.; Breite des Drahtes: 0,35 Ctmtr.

20. (Kat.-No. II. 10,646.) Zwei Fragmente eines offenen Armringes, welcher aus einem, auf der Innenfläche etwas ausgehöhlten, auf der Aussenseite stumpfkantigen, dachförmigen Bande hergestellt war. Parallele Querlinien, querschraffirte Bänder und schraffirte, mit der Basis auf den Rand aufgesetzte, Dreiecke, welche paarweise angebracht sind, in der Weise, dass die Basis von dem Rande des Bandes gebildet wird und die Spitzen sich auf der Kante in der Mitte des Bandes berühren, bilden die Verzierung der Aussenfläche. An manchen Stellen sind starke Spuren von Feuereinwirkung bemerkbar. Breite des Bandes 2 Ctmtr.

21. Fragment von einem ganz gleichen oder demselben Armringe.

22. (Kat. No. II. 10,638.) Fragment eines Armschmuckes mit 2 Spiralenscheiben aus einem nach den Enden hin sich verjüngenden, auf beiden Seiten stumpfkantigen, flachen Bronzebande hergestellt. Der Verbindungsreifen ist, ähnlich den unter 20 und 21 beschriebenen Armbandfragmenten, auf der Innenfläche etwas ausgehöhlt, auf der Aussenseite dagegen stumpfkantig dachförmig und abwechselnd mit längs- und querschraffirten Schrägbändern verziert. Die Spiralenscheiben sind auf der Schaufläche mit je vier, mit den Spitzen sich berührenden, eine, dem Malteserkreuz ähnliche, Figur bildenden Dreiecken verziert. Sämmtliche Ornamente sind eingeschlagen, auch sind sonst Spuren von Hämmerung auf den Scheiben sichtbar. Durchmesser der Spiralenscheiben: 7,5 Ctmtr.; Durchmesser des etwas verbogenen Verbindungsreifens im Lichten ungefähr 8 Ctmtr.; grösste Breite desselben: 1,6 Ctmtr.

Nach Angabe des Herrn Augustin machte der Fund von Thale nebst den grössten Theil seiner von seinem Vater, dem Herrn Ober-Landesgerichtsrath Augustin, und seinem Grossvater, dem Herrn Ober-Domprediger und Dr. der Theologie Augustin zu Halberstadt, ererbten, leider nicht vollständig etikettirten Sammlung aus. Nur einzelne Stücke waren als „bei Thale gefunden" bezeichnet und konnten die übrigen nur nach der Uebereinstimmung in der Form und dem Zustande der Erhaltung als zugehörig ermittelt werden. Da die

Patinirung der meisten Gegenstände eine sehr eigenthümliche ist, so hielt dies nach den, als sicher dort gefunden bekannten, nicht zu schwer. Nach diesen Ermittelungen würden zu diesem Funde noch folgende Stücke zu zählen sein:

1. Grössere Buckeln von der Grösse und Form der Fig. 12 u. 13 abgebildeten: 73 Stück und viele Fragmente.

2. Kleinere Buckeln derselben Form, an der Basis aber nur 1,8—2 Ctmtr. breit und nur 1 Ctmtr. hoch (Kat.-No. II. 10,653): 56 Stück und viele Fragmente.

3. Eine Zierplatte ähnlich Fig. 17, aber kleiner (Kat.-No. II. 10,647d.). Durchmesser: 5,5 u. 5,8 Ctmtr.

4. Ein Fragment einer ähnlichen Bronzeplatte aber ohne Spitzbuckel in der Mitte. (Kat.-No. II. 10,647c).

5. Fragmente eines Spiralenarmschmuckes von derselben Form wie Fig. 22 (Kat.-No. II. 10,651a—e).

6. Fragment einer cylindrischen Armspirale, wahrscheinlich zu Fig. 10 gehörig (Kat.-No. II. 10,650b.).

7. Eine sehr schön erhaltene bronzene Lanzenspitze, unverziert, mit lanzettförmigem Blatt und langer Schafthülse, in welcher sich zwei grosse viereckige Nietlöcher befinden, ähnlich den Taf. III, 9, Taf. VI, 16 u. Taf. XI, 23 abgebildeten Exemplaren (Kat.-No. II. 10,642). Gesammtlänge: 16,5 Ctmtr.; Länge des Blattes: 10,5 Ctmtr.; Breite desselben: 3,5 Ctmtr.; Stärke der Schafthülse unten: 2,4 Ctmtr.; Seitenlänge der Nietlöcher: 0,6 u. 0,4 Ctmtr.

8. Unvollständige, stark patinirte Fibula. Der Bügel bildet einen ziemlich starken, spitzovalen Körper, dessen eine Endigung in das nicht mehr erhaltene Widerlager für die Nadel auslief, während die andere sich zu einem dünnen Draht verjüngt und, nachdem sie durch drei Windungen einen kleinen Spiralcylinder gebildet, direct in die Nadel übergeht. Der Bügel ist mit einigen feinen parallelen Längs- und Querlinien verziert. Aehnliche Exemplare sind bei Lindenschmit: Die vaterländischen Alterthümer der Fürstlich Hohenzollernschen Sammlungen zu Sigmaringen Taf. XXXVIII, Fig. 1 u. a. abgebildet (Kat.-No. II. 10,643). Länge: 4,5 Ctmtr.

9. Ein kleiner aus einem doppelt zusammen gebogenen Bronzedraht durch zwei spiralige Windungen hergestellter cylindrischer Ring (Kat.-No. II. 10,644). Durchmesser: 2,5 Ctmtr.; Stärke des Drahtes: 0,1 Ctmtr.

10. Ein kleines geschmolzenes Stück Bronze (Kat.-No. II. 10,645). Länge: 2,3 Ctmtr.

11. Zwei defecte cylindrische Röhren aus sehr dünnem Bronzeblech mit Ansätzen, welche mit gepunzten Ornamenten verziert waren, sowie ein Bruchstück eines verkohlten Röhrenknochens und kurze Enden eines Bronzedrahtes von ähnlichem Querschnitt, wie der der Spiralcylinder, aber dünner (Kat.-No. II. 10,648a.—d.). Länge der Röhren: 4,5 Ctmtr.; Stärke derselben: 0,5 Ctmtr.

12. Mehrere Fragmente von sehr dünnen Bronzeblechplatten mit gepunzten Verzierungen ähnlich denen, welche auch an der einen cylindrischen Röhre noch bemerkbar sind, und wahrscheinlich ursprünglich von einer Breite, welche der Länge der letzteren entspricht, so dass anzunehmen ist, dass dieselben vielleicht mit den Röhren zusammen gehörten und ein 4,5 Ctmtr. breites Band (Gürtel?) aus dünnem Bronzeblech bildeten, ähnlich den bei Hallstadt gefundenen (S. v. Sacken: Grabfeld von Hallstadt. Wien 1868, Taf. IX.) und den bei Lindenschmit: Die Alterthümer der heidnischen Vorzeit, Bd. II, Heft II, Taf. III, dargestellten.

Die Gegenstände wurden bei Gelegenheit des Eisenbahnbaues in der Nähe von Thale gefunden. Nach den bei Lindenschmit: Die Alterthümer unserer heidnischen Vorzeit, Bd. III, Heft VII, Taf. 3 unter Fig. 1, 3 u. 4 gegebenen Darstellungen und den betreffenden Textstellen wurden andere ähnliche Zierplatten, wie die zu diesem Funde gehörigen, bei sechs Schmuckringen aus Erz und drei gehenkelten Gefässen aus dünnem Erzblech (von Art jener Bd. II, Heft III, Taf. V unter No. 2 u. 3 abgebildeten) unter einem Granitblocke in einer engen Schlucht des Harzes bei Thale gefunden. Dieselben sind jetzt im Besitz des Herrn Freiherrn von dem Busche-Streithorst in Thale.

23. (Kat.-No. II. 9602a. u. b.) Fundort: Nord-Schleswig, Provinz Schleswig-Holstein. Aus der Schilling'schen Sammlung.

Zwei Fragmente einer stark abgeschliffenen, zweischneidigen, schmalen, dolchartigen Klinge eines Bronzeschwertes mit starkem Mittelgrat. Die Bronze ist sehr hellfarbig goldig. Länge: 17,7 Ctmtr.; Breite: 2 Ctmtr., am Heftende: 2,8 Ctmtr.

In Schilling's Verzeichniss unter No. 1119 aufgeführt.

24a. u. b. (Kat.-No. II. 9603.) Fundort: Gross-Flottbeck bei Altona, Holstein. Aus der Schilling'schen Sammlung.

24a. Bronzenes, reich verziertes, unteres Ortband einer Schwertscheide von ovalem Querschnitt, unten verbreitert und bogenförmig gerundet, auf jeder Seite mit einem kräftigen conischen Buckel und einem Nietloche versehen. Systeme von Parallellinien und querschraffirten Bändern heben die einzelnen Theile und die Contouren noch besonders hervor. Länge: 3,5 Ctmtr.; Breite: oben 3 Ctmtr., unten 4,3 Ctmtr.; Querdurchmesser: 1,3 Ctmtr.; Durchmesser des Nietloches: 0,3 Ctmtr.

24b. Drei Fragmente einer zweischneidigen sich schnell verbreiternden Klinge eines Bronzedolches oder Schwertes, mit kräftigem abgerundetem Mittelrücken, bedeckt von einer sehr rauhen dicken Schicht hellgrüner Patina. Länge: 17,5 Ctmtr.

In Schilling's Verzeichniss unter No. 1104 aufgeführt mit der Angabe: „in einem Hünengrabe bei Gross-Flottbeck bei Altona gefunden."

25. (Kat.-No. II. 10,586.) Fundort: Nahhausen bei Königsberg i. d. Neumark, Provinz Brandenburg.

Einschneidiges Bronzemesser mit sichelförmiger Klinge und mehrfach in der Mitte durchbrochener, gradliniger Griffzunge, deren hochstehende Kanten in einem Ringe endigen. Eine punktirte Linie, nahe und parallel dem Rücken, auf welche eine Reihe nach oben offener Bogen gesetzt ist, bildet die Verzierungen der Klinge. Die Oberfläche ist statt der Patina mit einer stellenweise abgeblätterten, schwarzen Kruste (Schwefelkupfer?) bedeckt. Das Metall hat eine helle goldige Färbung. Gesammtlänge: 19,6 Ctmtr.; Länge der Klinge: 11 Ctmtr.; Länge der Griffzunge: 7,3 Ctmtr.; Breite derselben: 1,3 Ctmtr.; Durchmesser des Ringes: 2,3 Ctmtr.

Im Torfmoor bei Nahhausen, Kreis Königsberg i. d. Neumark, gefunden. Von Herrn Lehrer Voigt in Königsberg i. d. Neumark erworben.

26—30. (Kat.-No. 10,493—10,497.) Fund von Lezen bei Schwerin in Meklenburg. Von Herrn Schilling in Hamburg erworben.

26. (Kat.-No. II. 10,497.) Oberer Theil einer Bronzenadel mit kugeligem Kopf, der oben mit einer, seitlich mit vier übers Kreuz gestellten, runden, plattenförmigen Hervorragungen verziert ist. Länge: 6 Ctmtr.; Stärke des Drahtes: 0,3 Ctmtr.; Durchmesser des Kopfes: 1,1 Ctmtr.

27. (Kat.-No. II. 10,495.) Kleines lanzettförmiges, zweischneidiges Bronzemesser mit dem flachen, graden Griff in einem Stück gegossen. Länge: 8,1 Ctmtr.; Länge der Klinge: 3,5 Ctmtr.; Breite derselben: 0,9 Ctmtr.; Breite des Griffes: 0,8 Ctmtr.

28. (Kat.-No. II. 10,494.) Dünne, einschneidige Bronzemesserklinge von der Form eines Rasirmessers, in einen hakenförmig zurückgebogenen, vierkantigen Draht endigend. Länge: 11 Ctmtr.; Breite der Klinge an dem rechtwinkelig abgestumpften Ende: 2,3 Ctmtr.

29. (Kat.-No. II. 10,496.) Pincette, aus einem dünnen Bronzeblech hergestellt. Die sehr breiten, rechtwinkelig abgestumpften Branchen sind mit je drei, ein Dreieck bildenden, eingeschlagenen Punkten verziert. Länge: 6,8 Ctmtr.; untere Breite: 2,3 Ctmtr.; obere Breite: 0,3 Ctmtr.

30. (Kat.-No. II. 10,493.) Einschneidiges Bronzemesser mit stark geschweifter, an der Spitze defecter, S-förmiger Klinge und angegossenem Bronzegriff. Eine punktirte Linie nahe dem Rande des Rückens, drei Systeme von je vier concentrischen, nach oben offenen Halbkreisen, welche auf dieselben gesetzt sind, sowie ein solches an der Ansatzstelle des Griffes und ein anderes mit demselben correspondirend und ihm gegenüber in einiger Entfernung mitten auf dem Klingenblatt, bilden die Verzierungen der Schneidenflächen, zwei Band-

furchen, welche gegen die Spitze hin in einander verlaufen, die des Rückens. Der Griff besteht aus drei Abschnitten, von denen der sich direct an die Klinge ansetzende von ovalem Querschnitt ist und durch eine stumpf abgeschnittene Verbreiterung abgeschlossen wird. Seine Verzierung besteht aus drei Systemen von ringsumlaufenden parallelen Querlinien. Der zweite Abschnitt hat oblongen Querschnitt und ist an den breiteren Seitenflächen ebenfalls mit drei Systemen paralleler Querlinien verziert, zwischen welche zwei liegende Kreuze eingeschaltet sind. Der dritte Abschnitt des Griffes wird durch eine trapezförmige Platte gebildet, deren Endkante bogig ausgeschnitten ist. Die Verzierungen derselben bestehen in vier Systemen concentrischer Halbkreise, als deren Basis je eine Seitenkante der Endplatte dient.

Angeblich wurden mit diesen Gegenständen folgende Steingeräthe zusammen gefunden:

1. (Kat.-No. II. 10,488.) Ganz geschliffenes Steinbeil aus schieferartigem Gestein mit bogiger Schneide, verjüngtem Bahnende und abgerundeten Kanten. Länge: 13,5 Ctmtr.; Breite der Schneide: 4,6 Ctmtr.

2. (Kat.-No. II. 10,489.) Kleines Steinbeil, ganz geschliffen, aus geschichtetem dunkelgrau melirtem Gestein mit bogiger Schneide, gradflächigen Schmalseiten und etwas verjüngtem Bahnende, von dem, wie es scheint durch Schläge, Stücke abgesprengt sind. Länge: 9,5 Ctmtr.; Breite der Schneide: 5,5 Ctmtr.

3. (Kat.-No. II. 10,490.) Kleines Steinbeil aus hartem, grünem Gestein mit verjüngtem Bahnende, abgerundeten Seitenkanten und schön polirter, bogenförmiger Schneide. Länge: 6 Ctmtr.; Breite der Schneide: 4,4 Ctmtr.; Breite des Bahnendes: 3 Ctmtr.

4. (Kat.-No. II. 10,491.) Gelbes dünnes Feuersteinbeil von rechteckigem Querschnitt, mit breiter, bogiger Schneide, gradflächigen Schmalseiten und spitzem Bahnende, nur an der Schneide geschliffen. Länge: 12,5 Ctmtr.; Breite der Schneide: 5 Ctmtr.

5. (Kat.-No. II. 10,492.) Kleines zierliches, sehr dünnes hellgraues Feuersteinbeil von rechteckigem Querschnitt mit gebogener Schneide und etwas verjüngtem, roh gelassenem Bahnende. Sämmtliche Flächen sind mehr oder weniger vollständig geschliffen. Länge: 10,5 Ctmtr.; Breite der Schneide: 4 Ctmtr.; Breite des Bahnendes: 2 Ctmtr.

Nach Mittheilung des Herrn Schilling wurden obige Gegenstände in einem Hünengrabe bei Lanzen in der Nähe von Schwerin gefunden.

31a. u. 31b. Fundort: Theben in Aegypten. In der Abtheilung für Aegyptische Alterthümer aufbewahrt. No. 2053 u. 2054 des Kataloges dieser Abtheilung.

Nach gütiger Mittheilung des Herrn Stern, Assistent an der Aegyptischen Abtheilung der Königlichen Museen, enthalten die Kataloge dieser Abtheilung über diese beiden Stücke Folgendes:

31a. (No. 2053.) „Vortrefflich erhaltener Dolch, dessen eherne, nahe an 26 Ctmtr. lange, auf beiden Seiten sehr scharfe Klinge in der Mitte, der Länge nach, convex ist. Die Basis des Griffes besteht aus einem flachen, breiten und am äussersten Ende bogenförmig abgerundeten Stück Elfenbein, welches an der Klinge mit achtzehn grossen goldplattirten Nägeln nebst einer in Hörner und Spitzen auslaufenden Verzierung von einer schwärzlichen Masse (Horn? Rhinoceroshaut?) mit eingeschlagenen feinen Goldstiften und goldplattirten Endigungen befestigt ist.“ (Gesammtlänge: 40,5 Ctmtr.; grösste Breite des Griffes: 5,8 Ctmtr.; Breite der Klinge am Heft: 2,5 Ctmtr.)

31b. (No. 2054.) „Lederne Scheide des Dolches (No. 2053), welche ihn auf der einen Seite gänzlich und auf der anderen nur bis zum Ende der Klinge umschloss, so dass bei der Entdeckung die eine Seite des Griffes mit ihren goldenen Verzierungen gänzlich zu sehen war.

Von Passalacqua aus Theben. (Beschrieben in dessen Catalogue raisonné et historique des antiquités découvertes en Égypte p. 28 (No. 550).

32. Fundort: Vermuthlich Unter-Aegypten. In der Abtheilung für Aegyptische Alterthümer aufbewahrt und unter No. 7353 des Kataloges dieser Abtheilung verzeichnet.

Zweischneidige, verhältnissmässig dünne und breite, sanft geschweifte Klinge eines bronzenen Schwertes mit einfacher, sehr flacher Rückenscheide, zwei schmalen und flachen Blutrinnen parallel den Rändern der Schneide und einer am oberen Rande defecten Heftplatte, an welcher der, den noch anhaftenden Resten nach zu urtheilen, aus Holz oder Horn gefertigte Griff mit einigen Nieten, von denen noch einer in dem einen Nietloche steckt, befestigt war. Einige Stellen sind mit einer sehr rauhen krustenartigen Patina bedeckt, in welcher Körner sehr groben Quarzsandes und Faserreste (Holz?) enthalten sind. Länge der Klinge: 52.5 Ctmtr.; Breite derselben: 4 Ctmtr.; Länge der Heftplatte: 2,5 Ctmtr.; Breite derselben: 4,5 Ctmtr.

Provenienz ungewiss, vermuthlich Unter-Aegypten. Im Jahre 1872 mit anderen Alterthümern aus Unter-Aegypten angekauft.

33. (Kat.-No. II. 10,620.) Fundort: Ungarn.

Sehr schön erhaltenes zweischneidiges Bronzeschwert mit breiter Heftplatte und geschweifter Griffzunge. Die Klinge hat einen bis zur Spitze durchgehenden, kräftig abgerundeten Mittelgrat und breite Schneiden; in der verbreiterten Heftplatte befinden sich sechs Nietlöcher, von denen noch die zwei mittleren die kräftigen, an den Enden ausgeklopften, Niete enthalten, und an der Färbung der Patina lässt sich noch der untere bogenförmige Ausschnitt der Basis des Griffes erkennen. Die hochstehenden Kanten der Heftplattenränder sind an der schmalen Aussenseite in sehr zierlicher Weise in der Mitte mit einem schräggeschrafften Längsbande ornamentirt, das auf jeder Seite von einer Reihe nach aussen offener Kreisbogen eingefasst ist. Sie sind von jenen der jederseits sanft geschweiften Griffzunge durch zwei schmale Querrippen geschieden, setzen sich sonst aber continuirlich in dieselben fort. Das obere rechtwinkelig abgestumpfte Ende der Griffzunge ist etwas defect. Das Stück ist mit einer sehr schönen, stellenweise blassgrünen, Patina überzogen. Länge der Klinge: 56,5 Ctmtr.; Breite derselben: 3.1 Ctmtr.; Breite der Heftplatte: 5.5 Ctmtr.; Länge derselben: 8.5 Ctmtr.; Länge der Griffzunge: 6.3 Ctmtr.; Breite derselben: 2.5 Ctmtr.; Breite der Nietköpfe: 0,7 Ctmtr.; Länge der Niete: 1,2 Ctmtr.

Von einem Händler in Buda-Pest gekauft

Nachträgliche Bemerkungen und Berichtigungen.

Die mit Anführungszeichen „ “ versehenen Textstellen ohne Angabe des Autors sind Citate aus dem von Herrn v. Ledebur verfassten älteren Kataloge.

Zu S. 1 u. ff., Taf. I, 1—5 etc., den Stölln'er Fund betreffend. Herr Director Professor Dr. Kuhn, welcher die Fundstelle im Jahre 1871 besichtigte und die Güte hatte, die beiden Exemplare Taf. I, 1 u. 2 (Katal. No. 2165 u. 2166) als Geschenk des Herrn von Hagen auf Stöllen dem Königl. Museum zu übermitteln, war so freundlich, nach Durchsicht der im Text S. 1 und 2 gegebenen Notizen nachträglich noch Folgendes mitzutheilen: „Ihrem Wunsche gemäss bemerke ich zu dem mir übersandten Abzug, dass die Angaben über den Fundort der Schwerter ein und dieselbe Stätte meinen, da Herr v. d. Hagen in Hohennauen (er war damals, wenn ich nicht irre, Geh. Justizrath) nicht mit dem Stöllener identisch ist und von diesem wohl das eine Schwert zum Geschenk erhalten hatte, über die Fundstätte auch wohl nur obenhin unterrichtet war; der nicht unbedeutende Sandberg, eine Meile von Hohennauen, ist eben der Gollenberg, der drei Kuppen hat und daher gewöhnlich mit den sich anlehnenden Höhen „die Stöllenschen Berge“ genannt wird. An ihn knüpft sich die Sage von der Frau Harke (s. m. Märk. Sagen, p. 128). Er erhebt sich gleich hinter dem Dorfe Stöllen und über den nach Osten weiter gehenden Höhenzug führt die Landstrasse von Neustadt a. D. nach Rathenow. Die Nachricht, welche Herr v. Ledebur mittheilt, stimmt im Ganzen mit der auch mir mündlich etwa gegen den Ausgang der 20er Jahre durch Herrn v. d. Hagen in Stöllen mitgetheilten: die Elslake mit dem Taterwinkel liegt, soviel mir erinnerlich, östlich von Stöllen, nach Schönholz hin befindet sich auch in derselben noch ein Burgwall, der vor einigen 30 Jahren noch wohl erhalten war. Wenn Herr Teichert sagt, dass in der Nähe der Fundstätte Urnen gefunden seien, so ist dies wohl so zu verstehen, dass in der Nähe von Stöllen überhaupt viel Urnen gefunden sind, die beiden Herren v. d. Hagen, sowohl I. als II. Antheils hatten, als ich in Stöllen war, eine namhafte Zahl davon, namentlich in II., von ungewöhnlicher Form und hellem rothgelbem Ton. Herr v. d. Hagen sagte mir nun ebenfalls, dass die Schwerter im losen Sande vom Winde bloss gelegt gelegen hätten und von den Abends heimtreibenden Kuhhirten gefunden seien. Sie waren mit einer aus Ringen bestehenden Bronzekette umwunden, die ich selbst gesehen habe; die Ringe mochten etwa ½ bis ¾ Zoll Durchmesser haben; übrigens war, und ich glaube mich nicht zu täuschen, auch noch eine Lanzenspitze bei den Schwertern, die sonach nicht mitgeschenkt zu sein scheint, aber vielleicht noch zu ermitteln wäre.“

Zu S. 5. 13. 40. 64. Die Sammlung der Mutterlage zu den drei Weltkugeln ist die ehemalige durch Dr. J. C. C. Oelrichs (Marchia gentilis. Berlin 1785) beschriebene Antiquitätenkabinet des 1776 verstorbenen Hofrath C. G. Eltester. S. v. Ledebur: das Königl. Mus. Vaterl. Alterth. Berl. 1838. Vorrede S. V u. S. 59.

Zu S. 6 u. ff., Taf. III, 1- 28, den Schwachenwalder Fund betreffend. Herr Geh. Reg.-Rath Prof. Dr. Rammelsberg hatte die Güte in dem Laboratorium der Königl. Gewerbe-Akademie unter seiner Leitung einige der zu dem Funde gehörigen Gegenstände analysiren zu lassen. Es waren dies 1. ein Sichelfragment, zu Kat. No. II, 8972, S. 7 gehörig, 2. ein Ringfragment (Torques) zu Taf. III, 20 gehörig, 3. ein Bruchstück von einem Collier, ähnlich Taf. III, 27, und 4. ein Fragment von einer der zu Taf. III, 28 gehörigen Spiralen. Folgendes war das Resultat:

	1. Sichel.	2. Ring.	3. Collier.	4. Spirale.
Kupfer	97,83	94,56	95,[illegible]	92,[illegible]
Zinn	0,58	1,90	2,94	8,01
Zink	1,31	2,[illegible]	0,85	—
Eisen	—	1,81	0,45	—
	99,80	100,17	100,[illegible]	100,11

Zu S. 13, Taf. IV, 12. Aehnliche kleine Bronzegefässe befinden sich auch in den Sammlungen des Museums zu Wiesbaden und des Senckenbergischen Instituts zu Frank-

10*

furt a. M. Letzteres ist mit einem Klappdeckel versehen und stammt aus der Sammlung des Baron v. Minnigerode.

Zu S. 33 u. 43, Taf. VIII, 14 u. X, 8. Nach Untersuchung des Botanikers Herrn P. Kurtz bestehen die erwähnten faserigen Massen aus Holz. Leider ist Näheres nicht mehr festzustellen.

Zu S. 39 u. 42, Taf. IX, 22 u. X, 2. Die erwähnte metallisch glänzende schwärzliche Ausfüllungsmasse des Schwertknaufes von Dökerswisch ist kupferhaltig und wahrscheinlich ebenso wie die obere Schicht der Taf. X, 2 abgebildeten Schwertklinge Schwefelkupfer oder eine diesem ähnliche Kupferverbindung.

Zu S. 62 u. 63, Taf. XIV, 7 u. 8. In Folge früher stattgehabter Verwechselung und unrichtiger Etikettirung sind die Fundorte unrichtig angegeben. Fig. 8 ist bei Kl. Rossen gefunden worden, von Fig. 7 ist dagegen der Fundort unbekannt.

Zu S. 63 u. ff., Taf. XIV, 9–14, den Fund von Polzen betreffend. Herr v. Ledebur hat über denselben früher bereits einen kurzen Bericht erstattet. Das Königl. Museum besitzt ausser der zu diesem Funde gehörigen Gussform noch eine solche, ebenfalls von Bronze, aber zu einem Hohlcelte von ähnlicher Form wie das auf Taf. III, 10 abgebildete, zu dem Schwachenwalder Funde gehörige Exemplar. Dieselbe (Kat.-No. II. 6477) wurde bei Gnadenfeld in der Gegend von Oppeln in Oberschlesien gefunden und gelangte im Jahre [illegible] in die Sammlung.

Zu S. 70, Taf. XVI, 16, den Fund von Thale betreffend. Eine Fig. 16 ähnliche Dolchklinge ist abgebildet bei Keller: Pfahlbauten Taf. V, 12 (Band IX der Mitth. der Züricher antiq. Ges.)

Sachregister.

A.

B.

C.

D.

E.

F.

G.

H.

K.

Tafel I.

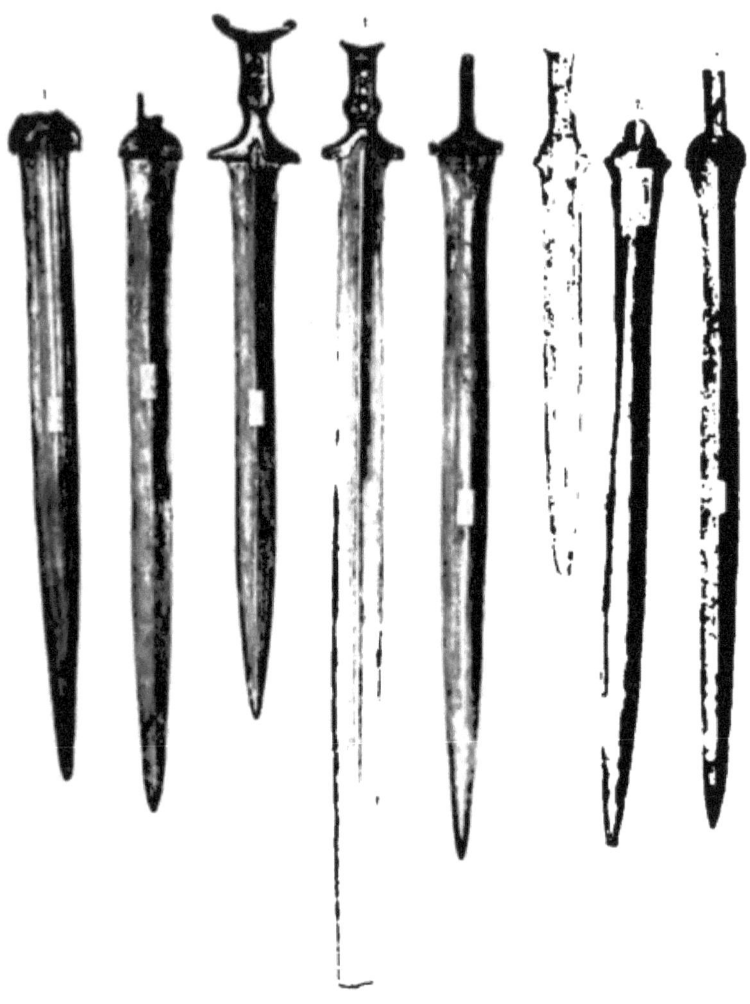

Tafel II.

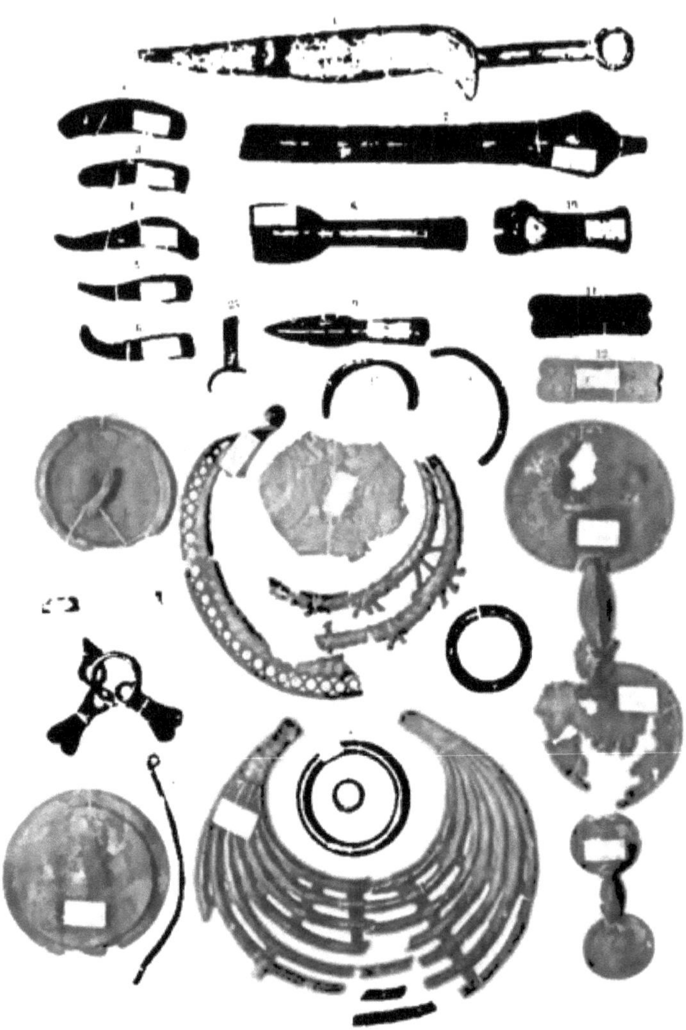

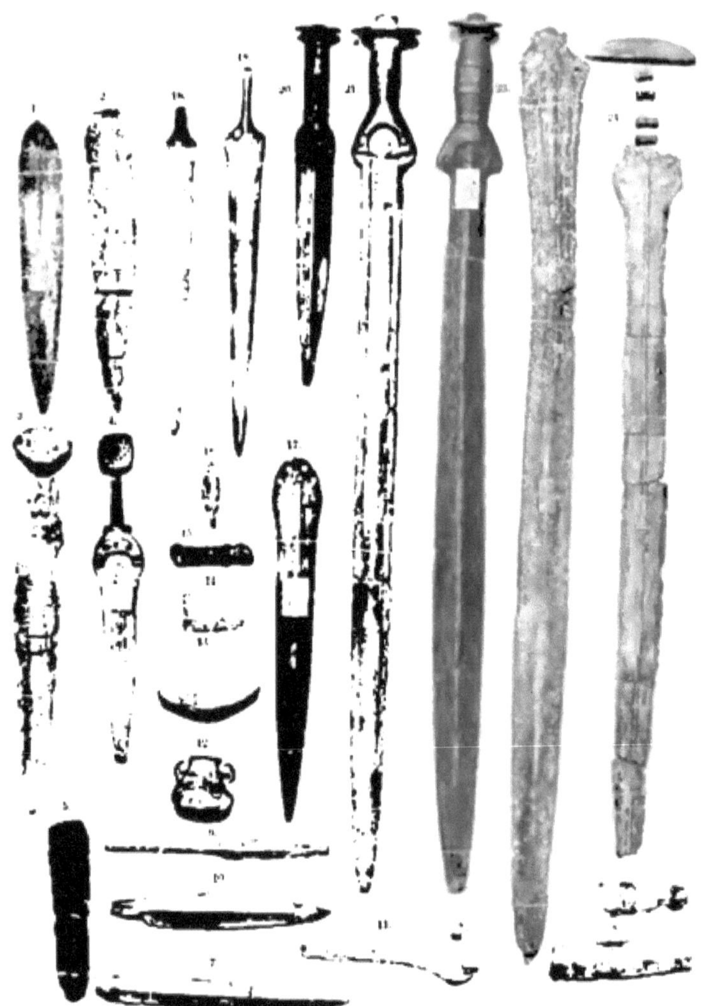

[illegible] Pankow [illegible] Prignitz, Brandenburg. — 20 [illegible] Brandenburg [illegible] Taf. XIII [illegible] Brandenburg a. d. Havel [illegible] Brandenburg [illegible]

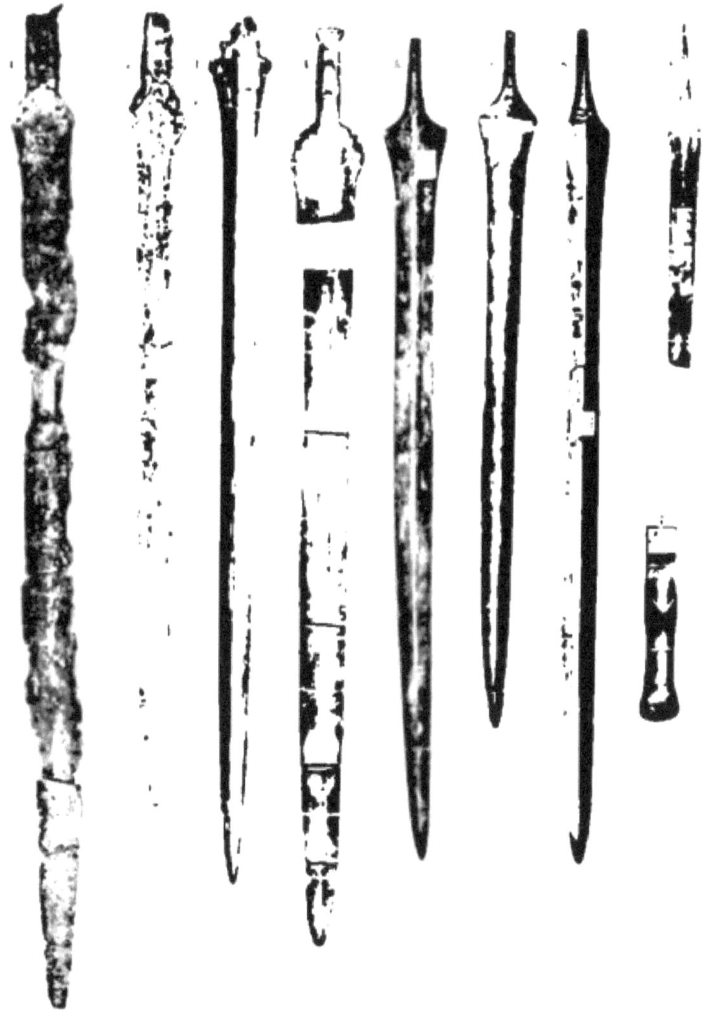

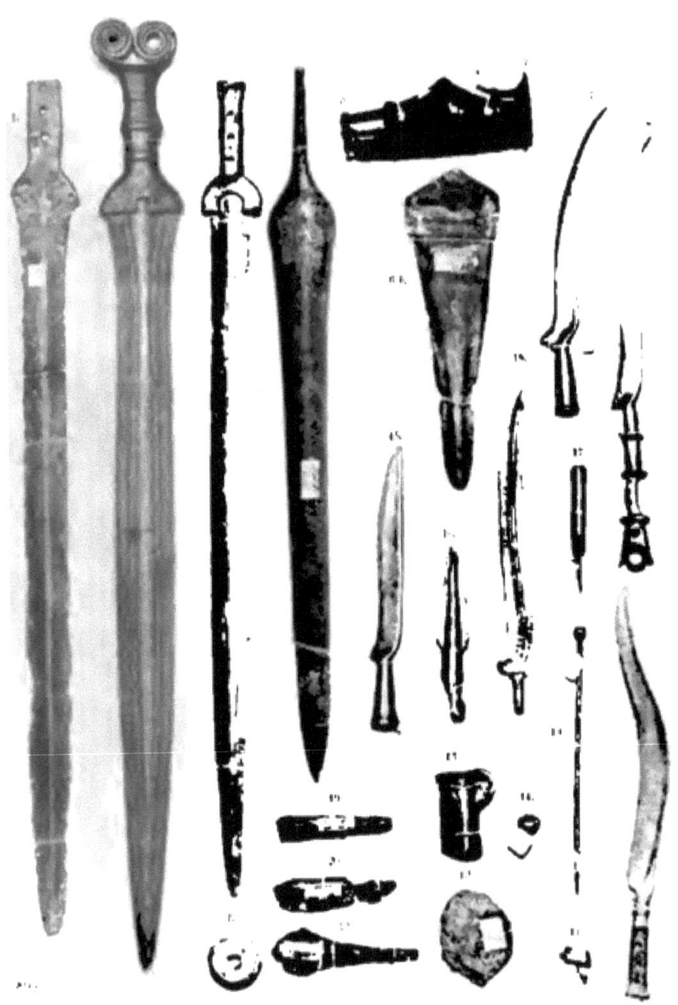

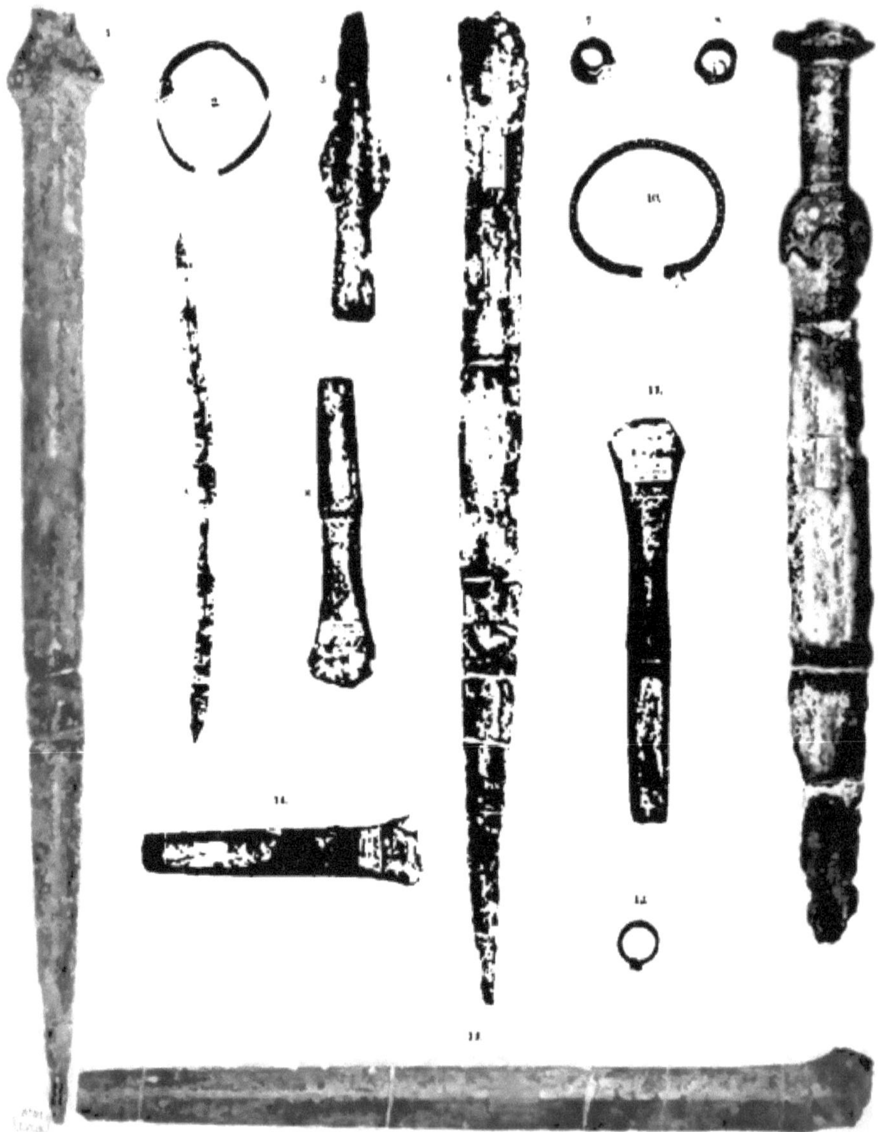

[illegible] Holstein [illegible]
[illegible] Taf. XIV [illegible]

Tafel VIII.

FUNDORTE: 1. Unbekannt, wahrscheinlich Holstein. — 2. Epstede in Dithmarschen, Holstein. — 3. [illegible] bei Segeberg, Holstein. — 4. Epstede, Holstein. — 5. [illegible] bei [illegible], Holstein. — 6. [illegible] bei [illegible], Holstein. — 7, 8, 9. Unbekannt. — 10. [illegible] Mühle in Dithmarschen, Holstein. — 11. [illegible] bei [illegible]. — 12a, 12b, 12c. Seeland, Dänemark. — 13. Unbekannt, wahrscheinlich Dänemark. — 14. [illegible] in Dithmarschen, Holstein. — 15. Unbekannt, wahrscheinlich Dänemark. — 16. Unbekannt.

Tafel IX.

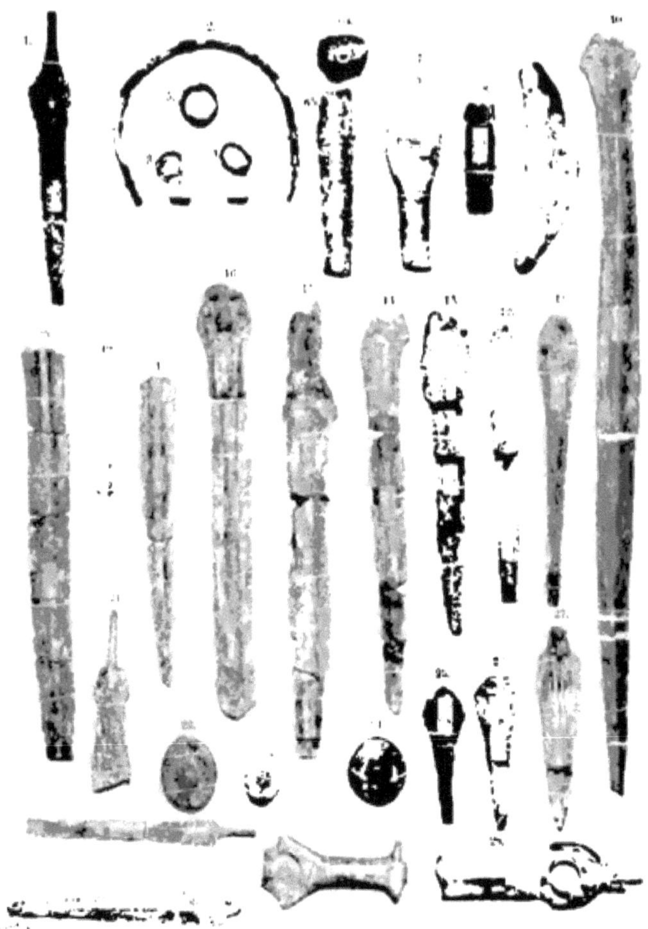

Tafel X.

FUNDORTE: 1. Frestedt bei Meldorf, Holstein. — 2. Unbekannt. — 3. [illegible], Dithmarschen, Holstein. Zu Taf. IX, 30 gehörig. — 4. Dithmarschen, Holstein. — 5–9, 11 a, 16. Unbekannt, wahrscheinlich Dithmarschen. — 10. [illegible] bei Meldorf. — 11. Dithmarschen. — 12. Schafstedt bei Meldorf. — 13. [illegible], Dithmarschen. — 15. [illegible] bei Meldorf. — 17 u. 18. [illegible]. — 19. [illegible] bei Meldorf.

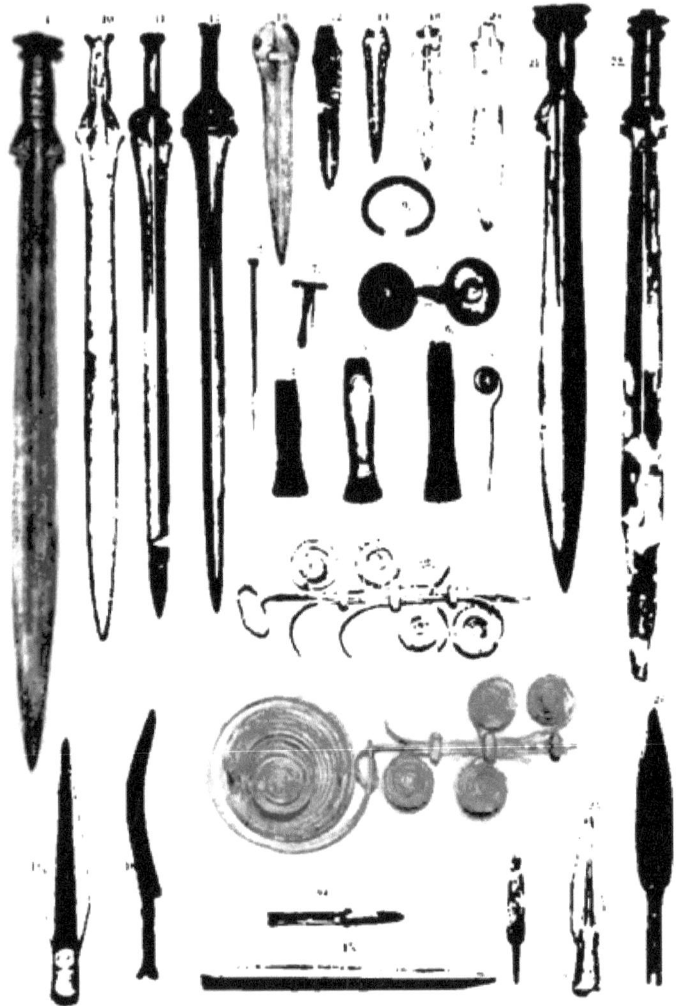

[illegible] 1—9. [illegible] bei [illegible], Brandenburg. — 10—15. [illegible] Amt Medingen, Hannover. — 16. [illegible] bei Königsberg in der Neumark. — 17. [illegible] bei Soldin, Neumark. — 18. [illegible] bei Luckau, Brandenburg. — 19. [illegible] in der Wetterau, Oberhessen. — 20. Comitat Liptau, Ungarn. — 21. [illegible], Comitat Liptau. [illegible] Taf. [illegible] — 22—25. [illegible], Comitat Liptau.
26. Comitat Liptau. — 27. [illegible], Comitat [illegible], Ungarn. — 28. [illegible]

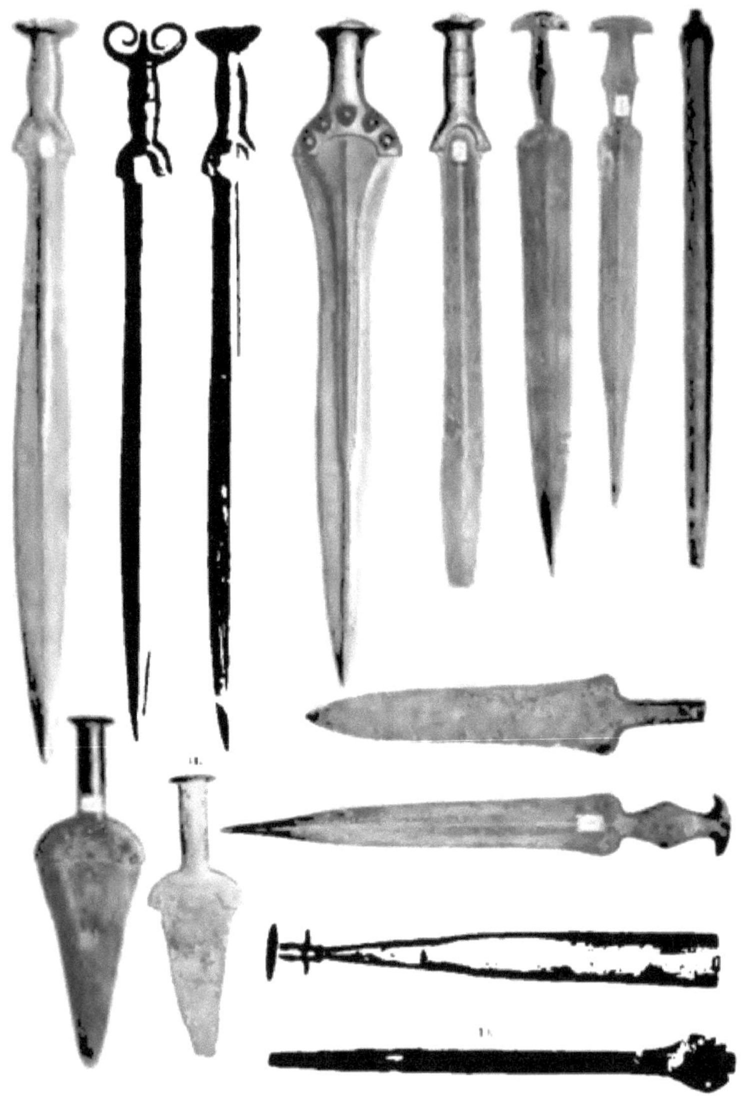

[illegible]

Tafel XIII.

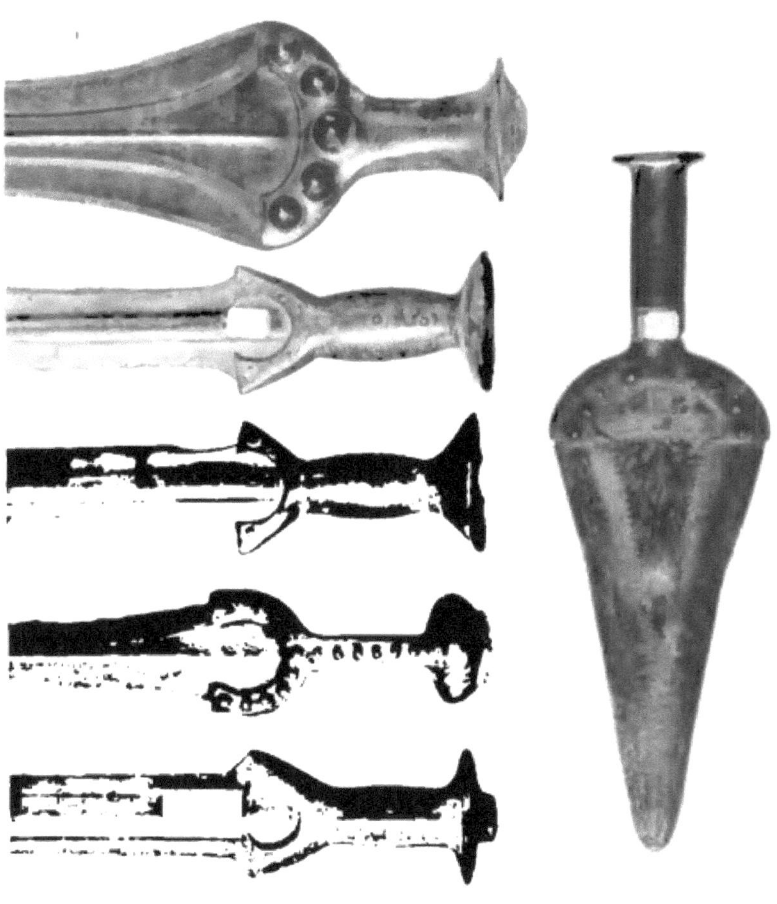

Tafel XIV.

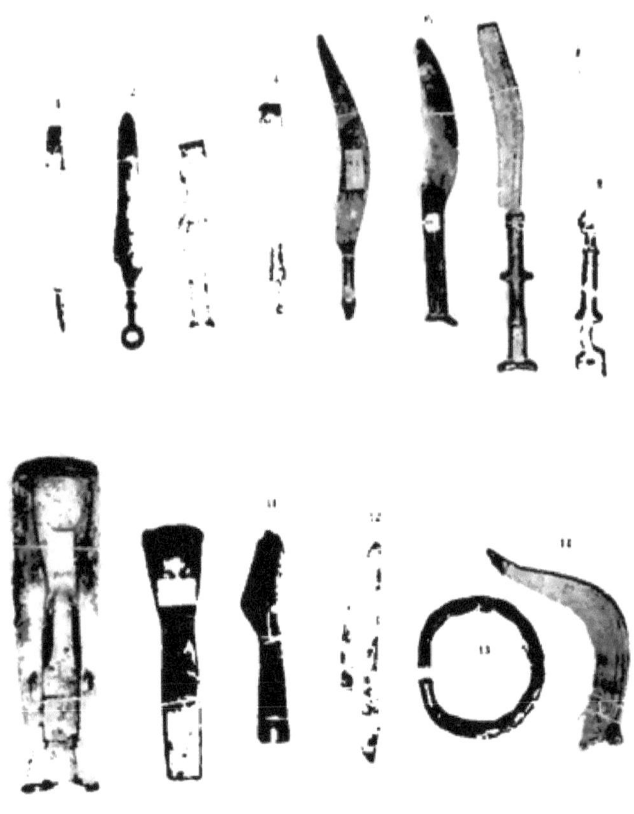

Tafel XV.

FUNDORTE: 1. Stölln bei Rhinow, West-Havelland, Brandenburg. S. a. Taf. I, 1—5; II, 2 u. VI, 3 u. 4. — 2. Mewe, West-Preussen. S. a. Taf. VI, 3.